Märchenreise

Ausgewählte Märchen aus Europa

Texte • Medien

Märchenreise

Ausgewählte Märchen aus Europa

Erarbeitet von Barbara Stamer

Schroedel

Texte.Medien

Herausgegeben von Peter Bekes und Volker Frederking

Druck A 1 / Jahr 2008
Alle Drucke der Serie A sind im Unterricht parallel verwendbar.

Redaktion: Frank Sauer
Herstellung: Ira Petersohn, Ellerbek
Reihentypografie: Iris Farnschläder, Hamburg
Satz und Repro: UMP Utesch Media Processing GmbH, Hamburg
Druck: Clausen & Bosse, Leck
Titelbild: Ingo Lehnhof

Das Texte.Medien-Programm zu »Märchenreise«:

978-3-507-47038-5 Textausgabe mit Materialien
978-3-507-47138-2 Arbeitsheft
978-3-507-47238-9 Informationen für Lehrerinnen und Lehrer

Informationen und Materialien im Internet:
www.schroedel.de/textemedien

ISBN 978-3-507-47038-5

Inhalt

Entstehung

Verstehen und Deuten

Märchenwerkstatt

Wirkung und mediale Gestaltung

Märchen im Film, auf dem Theater und im Musical

Vorwort

Kommt mit auf unsere *Märchenreise durch Europa*! Wir reisen schneller als mit Auto oder Flugzeug, wir nehmen den fliegenden Märchen-Zauberteppich, damit geht's kreuz und quer durch ganz Europa: Lasst euch von den fremdartigen Märchen aus Russland, Polen, England, Schottland, Norwegen, Frankreich, Griechenland, Ungarn, Österreich, aus der Schweiz und der Türkei verzaubern, taucht ein in die magische Märchenwelt!

Auf unserer *Entdeckungsreise* treffen wir Zauberer, Hexen und Trolle, sprechende Tiere, fantastische Fabelwesen und dämonische Ungeheuer. Wir fliegen per *Märchen-Zeitreise* durch die Jahrhunderte: von der griechischen Antike über das Mittelalter bis ins 20./21. Jahrhundert.

Zur *Reise-Unterhaltung* gibt's genügend Bilder, Fotos, witzige Cartoons und Comics! Als *Reisegepäck* braucht ihr natürlich alle eure *Märchenbücher*, eine Ausgabe der Grimmschen Märchen darf dabei nicht fehlen! (Eventuell in der Bibliothek ausleihen.)

Und den *Flugschein*? Den erhaltet ihr gratis, wenn ihr folgendes *Rätsel* richtig löst: Betrachtet die 4 Illustrationen zu den 4 großen Kapiteln des Buches. Welche bekannten Märchen der Brüder Grimm sind in den Bildern versteckt? (Den Flugschein findet ihr im Arbeitsheft. Tragt die Titel der Märchen dort ein.)

Jetzt kann's losgehen, viel Spaß beim Schmökern!

Der verzauberte Prinz und andere Tiergestaltige

Der Tiergemahl. Scherenschnitt von Hedwig Goller, 1983

Brüder Grimm

Von dem Sommer- und Wintergarten 1810

Ein Kaufmann wollte auf die Messe gehen, da fragte er seine drei Töchter, was er ihnen mitbringen sollte. Die älteste sprach: »Ein schönes Kleid«; die zweite: »Ein Paar hübsche Schuhe«; die dritte: »Eine Rose«. Aber die Rose zu verschaffen, war etwas Schweres, weil es mitten im Winter war, doch weil die jüngste die schönste war und sie eine große Freude an den Blumen hatte, sagte der Vater, er wolle zusehen, ob er sie bekommen könne und sich rechte Mühe darum geben.

Messe Jahrmarkt, Verkaufsausstellung

Als der Kaufmann wieder auf der Rückreise war, hatte er ein prächiges Kleid für die älteste und ein paar schöne Schuhe für die zweite, aber die Rose für die dritte hatte er nicht bekommen können. Wenn er in einen Garten gegangen war und nach Rosen gefragt hatte, hatten die Leute ihn ausgelacht, ob er denn glaube, dass die Rosen im Schnee wüchsen. Das war ihm aber gar leid und wie er darüber sann, ob er gar nichts für sein liebstes Kind mitbringen könne, kam er vor ein Schloss und dabei war ein Garten, in dem war es halb Sommer und halb Winter, und auf der einen Seite blühten die schönsten Blumen groß und klein und auf der anderen war alles kahl und lag ein tiefer Schnee. Der Mann stieg vom Pferd herab und wie er eine ganze Hecke voll Rosen auf der Sommerseite erblickte, war er froh, ging hinzu und brach eine ab, dann ritt er wieder fort.

Er war schon ein Stück Wegs geritten, da hörte er etwas hinter sich herlaufen und schnaufen, er drehte sich um und sah ein großes schwarzes Tier, das rief: »Du gibst mir meine Rose wieder oder ich mache dich tot!« Da sprach der Mann: »Ich bitt dich, lass mir die Rose, ich soll sie meiner Tochter mitbringen, die ist die Schönste auf der Welt.«

»Meinetwegen, aber gib mir die schöne Tochter dafür zur Frau!«

Der Mann, um das Tier loszuwerden, sagt ja und denkt, das wird doch nicht kommen und sie fordern, das Tier aber rief noch hinter ihm drein: »In acht Tagen komm ich und hol meine Braut.«

Der Kaufmann brachte nun einer jeden Tochter mit, was sie gewünscht hatten; sie freuten sich auch alle darüber, am meisten aber die jüngste über die Rose.

Nach acht Tagen saßen die drei Schwestern beisammen am Tisch, da kam etwas mit schwerem Gang die Treppe herauf und an die Türe und rief: »Macht auf! Macht auf!« Da machten sie auf, aber sie erschraken recht, als ein großes schwarzes Tier hereintrat: »Weil

Richard Doyle in Madame Leprince de Beaumont »Die Schöne und das Tier«

meine Braut nicht gekommen und die Zeit herum ist, will ich mir sie selber holen.« Damit ging es auf die jüngste Tochter zu und packte sie an. Sie fing an zu schreien, das half aber alles nichts, sie musste mit fort, und als der Vater nach Haus kam, war sein liebstes Kind geraubt.

Das schwarze Tier aber trug die schöne Jungfrau in sein Schloss, da wars gar wunderbar und schön und Musikanten waren darin, die spielten auf, und unten war der Garten halb Sommer und halb Winter und das Tier tat ihr alles zuliebe, was es ihr an den Augen absehen konnte. Sie aßen zusammen und sie musste ihm aufschöpfen, sonst wollte es nicht essen, da ward sie dem Tier hold, und endlich hatte sie es recht lieb.

ward ihm hold gefiel ihm

Einmal sagte sie zu ihm: »Mir ist so Angst, ich weiß nicht recht warum, aber mir ist, als wär mein Vater krank oder eine von meinen Schwestern, könnte ich sie nur ein einziges Mal sehen!« Da führte sie das Tier zu einem Spiegel und sagte: »Da schau hinein«, und wie sie hineinschaute, war es recht, als wäre sie zu Haus; sie sah ihre Stube und ihren Vater, der war wirklich krank, aus Herzeleid, weil er sich Schuld gab, dass sein liebstes Kind von einem wilden Tier geraubt und gar von ihm aufgefressen sei, hätt er gewusst, wie gut es ihm ging, so hätte er sich nicht betrübt; auch ihre zwei Schwestern sah sie am Bett sitzen, die weinten.

Von dem allen war ihr Herz ganz schwer und sie bat das Tier, es solle sie nur ein paar Tage wieder heimgehen lassen. Dass Tier wollte lange nicht, endlich aber, wie sie so jammerte, hatte es Mitleiden mit ihr und sagte: »Geh hin zu deinem Vater, aber versprich mir, dass du in acht Tagen wieder da sein willst.« Sie verprach es ihm und als sie fortging, rief es noch: »Bleib aber ja nicht länger als acht Tage aus.«

Wie sie heimkam, freute sich ihr Vater, dass er sie noch einmal sehe, aber die Krankheit und das Leid hatten schon sehr an seinem Herzen gefressen, dass er nicht wieder gesund werden konnte, und nach ein paar Tagen starb er. Da konnte sie an nichts anderes denken vor Traurigkeit und hernach ward ihr Vater begraben, da ging sie mit zur Leiche und dann weinten die Schwestern zusammen und trösteten sich und als sie endlich wieder an ihr liebes Tier dachte, da waren schon längst die acht Tage herum. Da ward ihr recht Angst und es war ihr, als sei das auch krank und sie machte sich gleich auf und ging wieder hin zu seinem Schloss. Wie sie aber wieder ankam, wars ganz still und traurig darin, die Musikanten spielten nicht und alles war mit schwarzem Flor behangen; der Garten aber war ganz Winter und von Schnee bedeckt. Und wie sie das Tier selber suchte, war es fort, und sie suchte aller Orten, aber sie konnte es nicht finden. Da war sie doppelt traurig und wusste sich nicht zu trösten.

Flor schwarzes Trauerband

Und einmal ging sie so traurig im Garten und sah einen Haufen Kohlhäupter, die waren oben schon alt und faul, da legte sie die herum, und wie sie ein paar umgedreht hatte, sah sie ihr liebes Tier, das lag darunter und war tot. Geschwind holte sie Wasser und begoss es damit unaufhörlich, da sprang es auf und war auf einmal verwandelt und ein schöner Prinz.

Da ward Hochzeit gehalten und die Musikanten spielten gleich wieder, die Sommerseite im Garten kam prächtig hervor und der schwarze Flor ward abgerissen und sie lebten vergnügt miteinander immerdar.

Iwan-Zarewitsch und Zarewna Frosch

Märchen aus Russland

Weit hinter den blauen Meeren und hinter den sieben Bergen, da lebten einmal ein Zar und eine Zarin. Lang hatte der Zar in der Welt gelebt und er hatte zu seinem Beistand drei Söhne, drei Zarewitsche. Alle drei waren jung und kühn. Am kühnsten aber und am schönsten war der jüngste, Iwan-Zarewitsch.

Zar russischer Fürst, Herrscher
Zarewitsche russische Thronfolger

Eines Morgens ließ der Zar seine drei Söhne kommen und sprach: »Meine Kinder, ihr seid alt genug, um zu heiraten, ihr sollt euch Frauen suchen. Darum nehmt eure Pfeile und Bogen, geht an die Grenze der Gemarkung und schießt eure Pfeile ab. Und wo euer Pfeil niederfällt, dort geht hin und freiet.«

Also zogen die drei Zarensöhne zur Grenze und es schoss der älteste. Sein Pfeil flog in den Hof eines Bojaren und der älteste Zarensohn ging hin und freite die Bojarentochter. Es schoss der zweite. Sein Pfeil flog in das Haus eines reichen Kaufmanns und der zweite Zarensohn ging hin und freite um die Kaufmannstochter. Es schoss Iwan-Zarewitsch und sein Pfeil flog auf zur Sonne und man sah ihn nicht herniedersinken. Iwan-Zarewitsch suchte einen Tag und er suchte auch noch einen zweiten Tag und am dritten Tag, da geriet er in einen tiefen Sumpf und er suchte den Ausweg. Und wie er so suchte, da sah er seinen Pfeil bei einem Frosche liegen. Schon wollte er sich umwenden, da rief ihm der Frosch zu: »Iwan-Zarewitsch, du suchest doch deinen Pfeil! Nimm deinen Pfeil, nimm aber auch mich mit, sonst wirst du nie mehr aus diesem Sumpf herausfinden.«

Bojar freier Gefolgsmann des russischen Fürsten, Adliger

Was blieb Iwan-Zarewitsch anderes übrig, er nahm seinen Pfeil, packte den Frosch und schob ihn in seine Rocktasche, ging traurig zu seinem Väterchen, dem Zaren, und sprach: »Sieh an, ich kann doch keinen Frosch zur Frau nehmen.«

Rocktasche Kitteltasche

»Nimm sie immerhin«, sprach der Zar, »vielleicht ist sie dein Schicksal.« Also wurde die Brautkrone über Iwan-Zarewitsch und den Frosch gehalten und so waren sie einstweilen verheiratet.

Eines Tages ließ der Zar seine drei Söhne kommen und er befahl ihnen, dass ihre Frauen bis zum nächsten Morgen ein Brot für ihn backen sollten. Traurig ging Iwan-Zarewitsch nach Hause. »Warum bist du denn so traurig?", fragte seine Frau, der Frosch.

»Warum soll ich nicht traurig sein? Mein Väterchen, der Zar, befiehlt, dass du ihm bis zum nächsten Morgen ein Brot backen sollst.«

»Sei nicht traurig«, sprach sie, »geh zu Bett. Der Morgen ist weiser denn der Abend.«

denn als

Und sie brachte Iwan-Zarewitsch zu Bett. Als er eingeschlafen war, da warf sie ihre Froschhaut ab, und sie war Wassilissa, die Allweise, und sie war schöner als Sonne, Mond und Sterne und sie ging zur Treppe und rief:

»Kommt ihr Ammen, kommt ihr Kinderfrauen und backt mir ein Brot, wie es mein Väterchen speiste.« Und am nächsten Morgen, da war sie wieder der Frosch. Sie übergab Iwan-Zarewitsch ein weißes Brot, das war mit allen Städten des Zarenreiches geschmückt, und er brachte es seinem Vater, dem Zaren. Dort waren schon die beiden älteren Brüder mit dem Brot, das ihre Frauen gebacken hatten. Der Zar prüfte das Brot des ältesten und er sprach: »Das ist für die Knechte.« Und er prüfte das Brot des zweiten und sprach: »Das ist für die Mägde.« Und er prüfte das Brot von Iwan-Zarewitsch und sprach: »Dies werde ich am heiligen Osterfeste selbst speisen.«

Amme
Kinderfrau

Bald darauf ließ der Zar wiederum seine drei Söhne kommen. Er befahl ihnen, dass die Frauen bis zum nächsten Morgen ein Hemd für ihn nähen sollten. Traurig ging Iwan-Zarewitsch nach Hause. »Warum bist du denn so traurig?«, fragte seine Frau, der Frosch.

»Warum soll ich nicht traurig sein? Mein Väterchen, der Zar, befiehlt, dass du ihm zum nächsten Morgen ein Hemd nähen sollst.«

»Sei nicht traurig«, sprach sie, »geh zu Bett. Der Morgen ist weiser denn der Abend.«

Und sie brachte Iwan-Zarewitsch zu Bett. Als er eingeschlafen war, da warf sie ihre Froschhaut ab, und sie war Wassilissa, die Allweise, und sie war schöner als Sonne, Mond und Sterne und sie ging zur Treppe und rief: »Kommt ihr Ammen, kommt ihr Kinderfrauen und näht mir ein Hemd, wie es mein Väterchen trug.« Und am nächsten Morgen, da war sie wieder der Frosch. Und sie übergab Iwan-Zarewitsch ein Hemd, das war mit Gold und Silber bestickt, und er brachte es seinem Väterchen, dem Zaren. Dort waren schon die beiden älteren Brüder mit dem Hemd, das ihre Frauen genäht hatten. Der Zar prüfte das Hemd des ältesten und sprach: »Das ist für den Stall.« Und er prüfte das Hemd des zweiten und sprach: »Das ist für die Badestube.« Und er prüfte das Hemd von Iwan-Zarewitsch und sprach: »Dies werde ich am heiligen Osterfeste zur Kirche tragen.«

Bald darauf ließ der Zar wiederum seine drei Söhne kommen. Und er befahl ihnen, dass sie mit ihren Frauen geschmückt zu seinem Palaste kommen sollten. Traurig ging Iwan-Zarewitsch nach Hause. »Warum bist du denn so traurig?«, fragte seine Frau, der Frosch.

»Warum soll ich nicht traurig sein? Mein Väterchen, der Zar, befiehlt, dass ich mit dir geschmückt zu seinem Feste kommen soll.«

»Sei nicht traurig«, sprach sie, »geh einstweilen allein, aber wenn du es donnern hörst, dann sprich: ›Dies ist meine Frau, der Frosch, die nun angefahren kommt‹.« Und so

ging Iwan-Zarewitsch alleine zum Palaste des Zaren. Dort waren schon seine beiden älteren Brüder mit ihren Frauen, die sich aufgeputzt hatten, und sie verspotteten ihn. Plötzlich aber ertönte ein lauter Donner, sodass die Gäste des Zaren erschrocken von ihren Sitzen aufsprangen.

»Erschreckt nicht«, sprach Iwan-Zarewitsch, »dies ist nur meine Frau, der Frosch, die angefahren kommt.« Und zum Palaste des Zaren kam eine goldene Kutsche, bespannt mit sieben Schimmeln, und heraus stieg Wassilissa, die Allweise, sie war schöner als Sonne, Mond und Sterne, sie war schöner, als man es in einem Märchen erzählen kann.

Sie ergriff Iwan-Zarewitsch bei der Hand und sie setzte sich mit ihm zur Tafel. Sie speiste vom Schwanenbraten und sie steckte die Knöchelchen in den rechten Ärmel und sie trank vom Wein und sie schüttete die Neige in den linken Ärmel. Die beiden Schwägerinnen, die beobachteten sie ganz genau und machten ihr alles nach. Dann aber ergriff Wassilissa, die Allweise, Iwan-Zarewitsch bei der Hand und führte ihn zum Tanze und sie schwenkte den linken Ärmel und es entstand ein See und sie schwenkte den rechten Ärmel und es schwammen Schwäne darauf. Die beiden Schwägerinnen, die ihr alles nachmachten, die beschmutzten nur die Gäste, sodass der Zar sie erzürnt davonjagte.

Neige Rest

Iwan-Zarewitsch aber ritt heimlich nach Hause und er suchte so lange, bis er die Froschhaut fand, und da nahm er sie und verbrannte sie. Bald darauf kam Wassilissa, die Allweise, angefahren. Und als sie ihre Froschhaut nicht mehr fand, da erschrak sie und sie sprach zu Iwan-Zarewitsch: »Wehe, was hast du getan? Hättest du noch drei Tage gewartet, dann hättest du mich erlöst. So aber muss ich von dir. Suche mich hinter dreimal neun Reichen, hinter dem dreimal zehnten Zarenreich, beim unsterblichen Koschtschej.« Und sie verwandelte sich in einen Schwan und flog zum Fenster hinaus.

ermannen Mut fassen

Iwan-Zarewitsch weinte bitterlich. Er weinte ein ganzes Jahr, er weinte auch ein zweites Jahr, im dritten Jahr, da ermannte er sich endlich, er bat um den Segen von Vater und Mutter und machte sich auf, Wassilissa, die Allweise, zu suchen. Er ging kurze Wege und er ging lange Wege. Schnell ist ein Märchen erzählt, aber lange dauert der Weg des Helden. Da begegnete ihm ein uralter Mann. »Hollah, Bursche, wohin gehst du denn?«, rief der Alte und Iwan-Zarewitsch erzählte dem Alten alles. Er erzählte, dass er Wassilissa, die Allweise, suche und was er mit ihr erlebt hatte.

»Wie konntest du nur«, zürnte der Alte, »du hast dem Mädchen die Froschhaut nicht gegeben, also konntest du sie ihr auch nicht nehmen. Es ist jetzt sehr schwer für dich, sie noch zu finden. Aber nimm dieses Knäuel«, und er reichte Iwan-Zarewitsch ein Knäuel Garn, »und folge dem Knäuel, vielleicht führt es dich zum Ziel.«

Iwan-Zarewitsch nahm das Knäuel und er ging kurze Wege und er ging lange Wege. Da trabte ihm ein ungeheurer Bär über den Weg. ›Ich werde das Tier töten‹, dachte er, aber der Bär sprach ihn an mit menschlicher Stimme: »Lass mich leben, Iwan-Zarewitsch, habe Mitleid.« Und Iwan-Zarewitsch hatte Mitleid mit dem Tier und er ließ es leben. Er ging weiter und es sprang ein Hase vor ihm auf. ›Ich werde das Tier töten‹, dachte er, aber der Hase sprach ihn an mit menschlicher Stimme: »Habe Mitleid, Iwan-Zarewitsch, lass mich leben.« Und Iwan-Zarewitsch hatte Mitleid mit dem Tier und er ließ es leben. Er ging weiter und es flatterte plötzlich eine Ente vor ihm auf. Er spannte Pfeil und Bogen und wollte die Ente schießen. Aber die Ente sprach ihn an mit menschlicher Stimme: »Habe Mitleid, Iwan-Zarewitsch, lass mich leben.« Und Iwan-Zarewitsch hatte Mitleid mit dem Tier und er ließ es leben.

Und er ging immer fort weiter. Da kam er zum weiten Ufer des Meeres, dort lag ein Hecht im Sand und er sprach ihn an: »Habe Erbarmen, Iwan-Zarewitsch, trage mich zum Wasser.« Iwan-Zarewitsch fühlte Erbarmen mit dem Tier und er trug es zum Wasser. Und immer fort wanderte er weiter. Da kam er zu einem Hüttchen, das auf Hühnerfüßen stand und sich immerfort drehte. Und Iwan-Zarewitsch verneigte sich und sprach den Spruch: »Dreh dich, mein Hüttchen, dreh dich zu mir, so wie dich die Mutter am Morgen aufgestellt.« Und das Hüttchen blieb stehen mit dem Eingang zu ihm. Er kletterte hinein und fand drinnen die Baba Jaga. Und die Baba Jaga erhob sich und rief: »Noch nie sah ich einen Russen und nun kommt ein Russe selbst zu mir. Wen suchest du denn?«

Baba Jaga
→ Seite 254

Und Iwan-Zarewitsch erzählte der Baba Jaga, dass er Wassilissa, die Allweise, suche und was er mit ihr erlebt hatte.

»Ich weiß, ich weiß«, sprach die Baba Jaga. »Sie ist nun beim unsterblichen Koschtschej und es ist sehr schwer, den Koschtschej zu besiegen, denn das Leben des Koschtschej ist in der Spitze einer Nadel und die Nadel ist in einem Ei und das Ei ist in einer Ente und die Ente ist in einem Hasen und der Hase ist in einer Kiste. Und die

Kiste ruht am Fuße eines alten Eichbaums. Und diesen Eichbaum, den hütet der Koschtschej wie sein linkes und sein rechtes Auge. Aber versuche es immerhin.« Und sie zeigte Iwan-Zarewitsch den Weg zum Palaste des Koschtschej.

Und Iwan-Zarewitsch ging den Weg, den ihm die Baba Jaga gewiesen hatte. Bald sah er den Marmorpalast des Koschtschej und daneben stand der ungeheure Eichbaum und Iwan-Zarewitsch wusste nicht, wie er zu dessen Wurzeln gelangen konnte. Aber da trabte ein ungeheurer Bär an ihm vorüber, dieser packte den Eichbaum und riss ihn samt den Wurzeln aus. Und hervor an den Wurzeln kam eine Kiste und heraus sprang ein Hase. Aber ein anderer Hase war hinter ihm her und zerriss ihn und hervor flog eine Ente und stieg steil empor. Aber eine andere Ente war über ihr und schlug sie und noch im Sterben ließ die Ente ein Ei fallen und das versank in den weiten Fluten des Meeres. Iwan-Zarewitsch war verzweifelt und weinte bitterlich. Denn wie sollte er jetzt noch zu dem Ei kommen? Aber siehe, da schwamm ein Hecht zum Ufer und er trug das Ei zwischen den Zähnen und er warf es in den Sand. Iwan-Zarewitsch nahm das Ei und zerbrach es und er nahm die Nadel und brach die Spitze ab. Und der unsterbliche Koschtschej, so sehr er sich wehrte, er musste doch sterben.

Da ging Iwan-Zarewitsch in den Palast des Koschtschej und dort kam ihm Wassilissa, die Allweise, entgegen, und sie küsste ihn auf den Mund. Dann nahm sie Iwan-Zarewitsch bei der Hand und er zog mit Wassilissa, der Allweisen, in das Reich seines Vaters.

Das Eselchen

Lateinisches Märchen aus dem Mittelalter

Es war einmal ein König und eine Königin, die weit über die Grenzen ihres Reiches bekannt und berühmt waren. Sie besaßen alles, was man sich nur wünschen konnte, allein, die Königin blieb kinderlos. Groß war hierüber ihr Schmerz und oft klagten beide und jammerten, dass sie keinen Erben hätten. So sprach denn die Königin, die ihres Gatten Schmerz darüber wohl kannte, oft zu sich: »Was soll ich denn nur tun? Ich bin doch nur eine arme Frau und gleiche der fruchtbaren Erde, die ohne Hoffnung auf Ernte die in sie gesäten Samen verzehrt. Ach, was nützt mir meine edle Abkunft, mein Reichtum, der Ruhm unseres Reiches, wenn das Schicksal mir einen Erben verwehrt?« Tag und Nacht jammerte sie derart und flehte um ein Kind. Und ihre Wünsche wurden erhört: Sie wurde Mutter, doch brachte sie kein Menschlein, sondern ein Eselchen zur Welt.

Als die Mutter dieses erblickte, da hub sie wiederum laut zu klagen an. Sie, die sich vorher so sehnsüchtig gewünscht hatte, Mutter zu werden, wollte nun lieber gar keine Mutter sein als die eines Eselchens. Das Eselchen solle den Fischen zum Fraß geworfen werden, so befahl sie ihren Dienern. Als der König, ihr Gemahl, aber von diesem grausamen Befehl seiner Frau hörte, da sprach er: »Nein, es soll nicht sterben, das Eselchen, es ist mein und der Königin Sohn. Auf unser vielfaches Flehen wurde uns dieser Erbe geschenkt, er soll später auf meinem Thron sitzen und auf seinem Haupt die Krone seines Vaters tragen und ihm soll der ganze Ruhm des Vaters zufallen.«

hub … an fing an

Gemahl Ehemann

Also wurde auf Geheiß des Vaters das Eselchen wie ein Königssohn aufgezogen. Es gedieh gut, wuchs heran und seine Ohren stellten sich schön in die Höhe. Es zeigte sich auch schon bald begabt in vielen Dingen und auf dem Hofe seines Vaters war es bald das Herrchen. Der ganze Hofstaat liebte es und hatte Achtung vor ihm. Munter und fröhlich war es und lief in den Dörfern und Städten des Königreichs lustig umher und freute sich an Spiel und Scherz. Am meisten Spaß aber hatte es am Lautenspiel und wünschte sich von ganzem Herzen, dieses zu erlernen.

Laute Saiteninstrument

So ging es denn zu einem bekannten Lautenspieler, der ob seiner Kunst im ganzen Land berühmt war. »Sei mein Meister im Lautenspiel«, sprach es zu ihm, »bring deinem Herrchen die Kunst, die du so gut beherrschst, bei, auf dass ich so gut werde wie du.«

Da aber antwortete ihm der Lautenspieler: »Was verlangst du von deinem Untertanen, Herrchen! Ach, du täuschst dich, Unmögliches verlangst du von mir. Ich kann dir das Lautenspiel nicht beibringen, da deine Finger viel zu groß und dick sind. Und erlaube es mir, dir die Wahrheit zu sagen: Du verlangst von mir, wogegen sich die Natur sträubt. Mit deinen Händen kannst du die Saiten nie schlagen und wenn du deine Hufe benutzt, fürchte ich, werden die Saiten zerspringen. Einem Esel hat es die Natur gegeben zu brüllen und nicht Laute zu spielen; der grässliche Laut eurer Art ist I-a.«

Saiten schlagen Saiten (an)spielen

Als das Eselchen diese Worte hörte, da ward es sehr traurig und konnte sich vor Gram und Schmerz kaum fassen. »Stamme ich denn nicht von edlem Geblüt?«, sprach es da, »weißt du denn nicht, dass ich dein König und Herr bin? Woher nimmst du den Mut, so hochmütig mit mir zu reden? Glaubst du Schwätzer und Possenreißer etwa, ich stammte nicht aus königlichem Hause? Wenn du noch weiter im Reiche meines Vaters bleiben willst, so folge meinen Befehlen sogleich!« Da ward der Lautenspieler ganz kleinlaut und nahm das Eselchen sofort als Schüler an. Der Meister spielte fortan vor und das Eselchen gelehrig nach und in kurzer Zeit machte es derart Fortschritte im Lautenspiel, dass es so gut wie sein Meister selbst wurde.

Possenreißer Spaßmacher

Eines Tages nun ging das Eselchen an einem Bach spazieren, und als es hinabblickte ins Gewässer, da sah es auf einmal im Wasser seine unförmige Gestalt. Es betrachtete im Spiegelbild seinen Kopf und seine Ohren und dachte sich: »Potztausend! Was soll denn das sein?« Dann sah es herab auf Beine und Füße und sein ganzes Aussehen war ihm zuwider. Und so begann es, mit seinem Schicksal zu hadern, und laut klagte es: »Keinen Heller ist der wert, der es zuließ, da ich das Licht der Welt erblickte! Was bin ich denn schon? Soll ein Eselchen die Krone meines Vaters tragen? Soll ich künftig gleichzeitig König und Eselchen genannt werden können? Lieber soll doch nicht das goldene Diadem meines Vaters mein Haupt schmücken! Ach, wenn der Vater gestorben ist, wird man mir die Königswürde nehmen und mir viel Unbill zufügen! Ich glaube, es ist besser, noch zu Lebzeiten meines Vaters Reich zu verlassen, sonst wird man mich nach seinem Tod gewaltsam aus dem Reich vertreiben!«

Diadem kostbarer Stirnreif

Unbill Unrecht

Und so vertraute sich das Eselchen einem seiner Knechte an. Und des Nachts machten sie sich beide auf den Weg und kamen zum Ufer eines Meeres, wo gerade ein Schiff vor Anker lag, um alsbald abzulegen. Sie bezahlten die Fahrt und schon ging es ab zu fernen Gestaden.

Als sie dort angekommen und eine Weile umhergezogen waren, kamen sie in das Reich eines sehr edlen Königs, der eine einzige Tochter hatte, die Erbin seines ganzen Landes werden sollte. Die Königstochter war wunderschön und in ihrem zarten Alter wartete sie nur darauf, von einem Manne heimgeführt zu werden. Wie nun das Eselchen zum Königshof gekommen war, da klopfte es ans Tor und rief: »Macht auf, ein Fremder will Einlass haben, öffnet das Tor!« Doch der Torhüter war über das laute Pochen erbost und wollte keinen Einlass geben. Das Eselchen indes schlug mit seinem Huf die Laute und mit seinem breiten Maul begann es einen lieblichen Gesang. Kaum hatte der Torhüter die süße Melodie vernommen, da eilte er vor, um zu sehen, wer denn da sei.

Und er sah die unförmige Gestalt eines Esels und war bass erstaunt darüber, dass solch ein Wesen so wohltönend Laute spielen konnte. Flugs eilte er zum König, um ihm über dieses wundersame Geschehen zu berichten. Der König war nun derart neugierig, einen Esel so meisterhaft auf der Laute spielen zu sehen, dass er den Torhüter sogleich hieß, das Eselchen vorzulassen. Und so trat das Tier vor den König, wobei es mit seiner Laute neue Weisen vortrug. Laut fing da der König zu lachen an und bald hallte der ganze Palast vom Gelächter des Hofstaates wider. Noch nie hatte man hier ein solch seltsames Schauspiel gesehen.

Inzwischen war die Sonne untergegangen und alle am Hofe schickten sich an, am festlichen Abendmahl teilzunehmen. Vorn an der Tafel saßen König und Königin, neben ihr die wunderschöne Tochter, dann kamen die Ritter und ganz unten schließlich saß das Gesinde. Auch das Eselchen hatte man zum Tafeln eingeladen und hieß es, sich ganz hinten zum Gesinde zu setzen. »Das verhüte«, sprach da unser Eselchen, »mein Platz ist nicht unter den gemeinen Knechten, ich bin kein gewöhnlicher Stallesel, nein, in meinen Adern fließt edles Blut.«

Gesinde **Knechte und Mägde**

»Dann setz dich doch zu den Rittern«, entgegneten ihm da die Diener. »Auch da ist nicht mein Platz«, war da die Antwort, »beim König will ich sitzen.« Als der König das hörte, war er guten Muts und ließ das Eselchen zu sich setzen. Und das tat es denn auch gleich. Während sie aßen, scherzte der König mit ihm und gut gelaunt fragte er: »Und Eselchen, wie gefällt dir denn mein Töchterchen?« Da hob das Eselchen seinen Kopf, blickte das entzückende Fräulein an und sprach: »Potztausend, o König, was fragst du mich noch! Und wie sie mir gefällt! Aus Eisen müsste ja derjenige sein, der an einem solchen Geschöpf keinen Wohlgefallen findet. Wie weiß ist ihr Gesicht und rot die Wangen, wie wunderbar ihr Haar, wie Elfenbein ihr Nacken, ja ihre ganze Gestalt gefällt mir!«

»Dann sollst du auch neben ihr sitzen und mit ihr speisen«, sprach da der König. Wie freute sich da das Eselchen, es dankte dem König und glücklich setzte es sich an die Seite der Königstochter. Es benahm sich gesittet wie es seinem königlichen Stande zukam, reichte der Königstochter zu essen und zu trinken. Als der König dies sah, fand er Wohlgefallen am Eselchen und schloss es in sein Herz.

So blieb das Eselchen lange Zeit am Hofe des Königs. Doch bald wurde es von Heimweh geplagt und wünschte sehnlichst, an den Hof seines Vaters zurückzukehren. Und traurig ging es da mit gesenktem Kopf zum König und bat ihn, er möge es doch heimkehren lassen. »Nein«, sprach da der König, »ich will nicht, dass du hier weggehst. Niemals will ich von dir getrennt sein. Bist du denn hier nicht zufrieden mein Sohn? Was betrübt denn dein Herz? Sag es mir doch bitte. Du bist doch hier kein Fremder oder Gast mehr, du gehörst doch zu uns. Verlang, was du willst, sogar mein halbes Reich.« Doch das Eselchen wollte von alledem nichts, zu sehr quälte es das Heimweh. »Dann kann ich dir nur noch einen Wunsch gewähren«, sprach da der König, »wenn du auch diesen abschlägst, wirst du immer ein Esel bleiben: Willst du, dass ich dir mein Töchterlein zur Frau gebe?« Da war aller Schmerz und jegliches Heimweh wie verschwunden. »Ja, das will ich«, jubelte das Eselchen, »behalte alles für dich, mein König, nur dein Töchterlein gib mir, sonst verlange ich gar nichts mehr; dann will ich gern hierbleiben, dann ist hier meine Heimat.«

»So gewähre ich dir diesen Wunsch, doch erweise dich mir als würdiger Schwiegersohn«, gab ihm da der König zurück. Der König ließ seine Tochter zu sich rufen und fragte sie, ob sie das Eselchen heiraten wolle. Sie willigte nach einigem Überlegen ein und bald wurde eine prächtige Hochzeit gefeiert. Als nun die Nacht gekommen war, da ging das Eselchen mit seiner Braut ins Schlafgemach. Auf Geheiß des Königs aber hatte sich im Gemach ein Diener versteckt, denn der Vater wollte wissen, was denn das Eselchen und seine Tochter machten. Als nun alle gegangen waren und das Eselchen sich mit seiner schönen Braut allein wähnte, schob es den Riegel vor die Tür und sogleich warf es die Eselshaut von sich ab, und siehe, es war ein junger Mann. Wie die Königstochter nun den schönen edlen Jüngling erblickte, war sie sogleich in Liebe zu ihm hingerissen. Beide fielen sich glücklich in die Arme. Und als die Morgenröte schon am Himmel stand, da erhob sich der Bräutigam aus den Umarmungen seiner Braut und warf sich geschwind wieder die Eselshaut um. So ward er wieder das Eselchen wie früher.

Schon in aller Frühe klopfte da der König neugierig ans Brautgemach und die Tochter öffnete ihm freudig und sprach: »O Vater, wie kann ich dir nur danken, dass du mir diesen Mann in die Ehe gegeben hast! Es gibt keinen Menschen auf der Welt, den ich mehr als ihn liebe.« Doch erzählte sie ihm nichts von der wahren Gestalt ihres Mannes, dass er unter seiner Eselshaut ein wunderschöner Jüngling sei. So ging denn der Vater erstaunt von dannen; der Diener aber, den er heimlich im Schlafgemach lauschen ließ, folgte ihm und erzählte seinem Herrn all das Wunderbare, das er gehört und gesehen hatte. Und als der König es nicht glauben wollte, sprach der Diener: »Geht doch in der kommenden Nacht selbst heimlich ins Schlafgemach der beiden und wenn Euer Schwiegersohn die Eselshaut abgeworfen hat, dann nehmt sie schnell an Euch und werft sie ins Feuer. Ist dann die Haut zu Asche verbrannt, wird Euer Schwiegersohn für immer ein Mensch bleiben.« Diesen Ratschlag gab der Diener seinem König und diesem gefiel der Plan sehr gut.

von dannen **weg, fort**

Als die Nacht hereingebrochen war, schlich sich der König ins Gemach der beiden, die in tiefem Schlummer versunken lagen. Da sah er neben seiner Tochter den wunderschönen Prinzen und rasch nahm er die Eselshaut, entfernte sich unbemerkt aus dem Zimmer und ließ die Haut in einem Ofen bis auf die Asche verbrennen. Neugierig ging er dann wieder zum Schlafgemach der beiden Liebenden zurück und weil er wissen wollte, was der Schwiegersohn wohl ohne Haut machen wollte, wachte er die ganze Nacht lang vor der Tür.

Als der Tag graute, hatte der Jüngling ausgeschlafen und erhob sich von seinem Lager, um die Eselshaut wieder überzustreifen. Angst ergriff ihn jedoch, als er sie nicht fand, und er glaubte jetzt fliehen zu müssen. Und wie er aus der Tür trat, kam der König hervor und sprach: »Warum willst du denn fliehen, mein Sohn, was hast du denn? Ich lasse dich nicht mehr von hier weg. Du bist ein so schöner junger Mann und sollst nicht mehr zum Esel werden. Ich will dir jetzt schon die Hälfte meines Reiches geben und nach meinem Tode sollst du allein die andere auch noch haben.« Da entgegnete ihm der Schwiegersohn: »Ja, ich will bleiben und wünsche nur, dass ein guter Anfang auch ein gutes Ende nimmt.«

Und so bekam er das halbe Reich seines Schwiegervaters, und als dieser nach einem Jahr starb, wurde er König und hatte das ganze Reich. Und als auch sein eigener Vater starb, bekam er noch dessen Reich dazu.

Die Schwanenprinzessin

Märchen aus Polen

Es waren einmal ein stolzer König und eine Königin, die hatten sieben Kinder, davon waren die ältesten ebenso stolz und hochmütig wie sie selbst, die jüngste aber war gut und liebreich. Diese wurde von einem armen Jüngling geliebt, den sie wiederliebte. Eines Tages trat der Jüngling vor den Thron des Königs und der Königin und bat um die Hand der jüngsten Prinzessin. Da erhob sich die Königin in großem Zorn und rief: »Ehe dies geschieht, wollte ich eher, dass wir alle zu wilden Schwänen verwandelt werden.« Es war aber zu der Zeit, als die Wünsche noch in Erfüllung gingen. Kaum waren diese Worte über die Lippen der Königin gekommen, siehe, da verwandelte sich das ganze Land in eine Einöde, das Schloss mit dem Garten in einen See, der König und die Königin aber mitsamt ihren sieben Kindern und dem Liebsten der Prinzessin in wilde Schwäne.

Einöde **Ödland, dünn besiedelt; Einsamkeit**

Die jüngste Prinzessin und ihr Liebster lebten am Ufer des Sees für sich allein und waren glücklich. Eines Morgens aber kam ein junger Jäger zu dem See, der verletzte mit seinem Pfeil die jüngste Prinzessin am Flügel. Da nahm er den Schwan mit in seine Hütte. Doch wer beschreibt sein Erstaunen, als er am Abend wieder zu seiner Hütte zurückkehrte, war dieselbe aufgeräumt und das Feuer brannte im Herd. Am zweiten Tag geschah dasselbe. Da beschloss der Jäger am dritten Tag vor der Hütte zu warten und zu sehen, was darin vorgehe. Wie er nun durch das Fenster schaute, da sah er, wie der Schwan sein Schwanenkleid abwarf und ein wunderschönes Mädchen war. Flugs sprang der Jäger in die Hütte, nahm dem Mädchen das Schwanenkleid weg und da musste sie bei ihm bleiben. Mit dem Verlust ihres Schwanenkleides hatte sie aber ihre ganze Erinnerung verloren. Sie wusste nicht mehr, dass sie eine Prinzessin gewesen, sie wusste nicht mehr, dass sie in einen Schwan verwandelt, und sie wusste auch nicht mehr, dass sie einen Liebsten gehabt. Nur immer zur Zeit des Frühlings und des Herbstes, wenn die wilden Schwäne über die Hütte zogen, erfasste sie eine unbestimmte Sehnsucht.

Nun lebte sie schon drei Jahre bei dem Jäger. Es war wieder zur Zeit des Herbstes und sie saß mit dem Jäger vor der Hütte. Dieser aber war eingeschlafen, da flogen plötzlich drei Schwäne über sie hinweg. Das aber waren ihre Brüder gewesen, die riefen ihr zu: »Ach, unser Schwesterchen an der Seite eines sterblichen Mannes! Komm mit uns! Fliege wieder mit uns!« Sie aber rief zurück: »Ich kann nicht mit euch! Fliegt mit Gott weiter!«

Danach kamen drei Schwäne geflogen, das waren ihre Schwestern gewesen. Und auch diese riefen: »Ach, unser Schwesterchen an der Seite eines sterblichen Mannes! Komm mit uns! Fliege wieder mit uns!« Sie aber rief zurück: »Ich kann nicht mit euch! Fliegt mit Gott weiter!«

Danach kamen zwei Schwäne geflogen, das waren ihre Eltern gewesen: »Ach, unsere Tochter an der Seite eines sterblichen Mannes! Komm mit uns! Fliege wieder mit uns!« Sie aber rief zurück: »Ich kann nicht mit euch! Fliegt mit Gott weiter!«

Nun aber kam ganz zuletzt ein einzelner Schwan geflogen. Dies aber war ihr Liebster gewesen. Und als er sie sah, stieß er einen klagenden Schrei aus und rief: »Ach, meine Liebste, meine Schwanenprinzessin an der Seite eines Jägers! Komm mit mir! Fliege wieder mit mir!« Der Ruf ihrer Eltern und Geschwister war ihr nur bis ans Ohr gedrungen, der Ruf ihres Liebsten aber drang ihr ins Herz. Ihre ganze Erinnerung wachte wieder auf, sie eilte in die Hütte, suchte so lange, bis sie ihr Schwanenkleid fand, schlüpfte in dasselbe und flog als Schwan zum Fenster hinaus. Und als der Jäger erwachte, sah er am Horizont zwei Schwäne fliegen. Aber immer zur Zeit des Herbstes flog die Prinzessin wieder über die Hütte des Jägers und so vergaß er nie, dass einmal eine Schwanenfrau bei ihm gelebt.

Das Katzenschloss

Märchen aus der Schweiz

An einem Sommerabend ritt ein Rittersmann durch einen Wald. Im tiefsten Dickicht war er vom Pferd gestiegen, um an einer rauschenden Quelle zu rasten. Da stand plötzlich vor ihm ein Schwarm grauer Katzen. Das wunderliche Volk miaute und schrie und wies nach einem halbverborgenen Pfade, sodass der Ritter folgen musste. Voran hüpften und tanzten und sprangen die grauen Tiere, den Weg zeigend und dem ernsten Mann ein leises Lächeln entlockend. Die sonderbaren Wegweiser gingen und hüpften durch Gestrüpp und Gesträuch, bis Ritter, Ross und Katzen vor ein schimmerndes Schloss auf grünem Hügel kamen. Mit lächerlichen Gebärden hieß der Katzentross den fremden Mann in die weiten Hallen treten. Dieser band sein Pferd an eine Säule und gelangte, stets von Katzen geleitet, in einen hohen Saal, wo auf prächtigem Thron zwei wunderschöne Katzen lagen, eine weiße und eine schwarze, welchen die übrigen Tiere mit den Zeichen unverkennbarer Huldigung nahten.

Tross Gefolge

Huldigung Ehrerbietung, Ehrfurcht

Der Ritter wollte die seltsamen Inhaber des Schlosses anreden; denn er merkte wohl, dass hier etwas Besonderes vorging; allein ehe er sich's versah, befand er sich in einem andern prunkvollen Gemach, wo ein auserlesenes Nachtessen seiner harrte. Er aß und trank sich an den herrlichen Speisen und an den dunkelroten und goldhellen Weinen satt und suchte Ruhe auf einem seidenen Bett im nahen Prunkzimmer, wo er bald den Schlaf des Gerechten schlief. Es ging aber nicht lange, da zupfte etwas an der seidenen Decke, und als der Ritter wach wurde,

Schlaf des Gerechten schlafen tief und fest schlafen

sprach die schwarze Katze zu ihm: »Vor einigen Jahren war ich ein mächtiger Fürst, die weiße Katze meine Tochter und die grauen Katzen mein Hof. Da kam ein böser Zauberer, dem ich nicht zu Willen gewesen, und der verwandelte uns alle in Katzen. So Ihr aber den Mut habt, diese Nacht auf jenen Hügel zu steigen, wo die drei goldenen Kreuze blinken, die Zauberwurzel am Fuße des mittleren Kreuzes herunterzuholen und mich und meine Tochter und mein Gesinde damit zu berühren, so werdet Ihr uns alle befreien, und Ihr sollt meine Tochter zur Frau haben und mit ihr herrschen über mein Volk.«

Der Ritter besann sich nicht lange, griff nach seinem Schwert und zog voll Gottvertrauen hinaus in die dunkle Nacht. Als er aber den Berg zu besteigen begann, da hub ein Geheul an, wie wenn die Hölle ihre Tore auftäte; es sauste und krachte durch die Lüfte, aus den Ritzen stiegen Schreckgestalten empor, Blitze schlugen nieder; aber der Ritter verfolgte unbekümmert seinen Weg. Er erreichte die Höhe, wo die drei Kreuze standen, und brach mit mutiger Hand die Zauberwurzel, während der Berg in seinen tiefsten Tiefen erbebte. Als er wieder zu Tale stieg, war aller Spuk verschwunden und vor dem Tor des Schlosses harrte seiner der Katzenfürst und seine Vasallen. Diese berührte er mit der Zauberwurzel und im nämlichen Augenblick strömte ein Lichtmeer durch den Palast, einen prachtvollen Hofstaat beleuchtend, auf dem Thron einen königlichen Greis, neben ihm die anmutigste Prinzessin und im weiten Kreise Ritter und Edeldamen in reichster Hoftracht. Da winkte der König den Ritter heran, legte die Hand der Tochter in die seinige und der Festlichkeiten war kein Ende.

harrte seiner wartete auf ihn
Vasallen Gefolgsmänner

Der Robbenfänger und der Wassermann

Märchen aus Schottland

Es war einmal ein Mann, der lebte im äußersten Norden Schottlands in einer kleinen Hütte am Meeresufer und verdiente sein Brot mit dem Fang von Robben und dem Verkauf ihrer Felle, die ja sehr wertvoll sind. Diese Tiere kamen in großen Scharen aus dem Meer und legten sich auf die Felsen in der Nähe seines Hauses, um sich dort in der Sonne zu wärmen. Auf diese Weise konnte er sich leicht an sie heranschleichen und sie töten.

Nun waren manche von diesen Robben viel größer als die andern und die Leute sagten, dass diese womöglich gar keine Robben wären, sondern verwandelte Wassermänner und Meerfrauen, die tief unter der See auf dem Grunde wohnten. Man war davon überzeugt, dass sie diese Gestalt annehmen würden, damit sie einen Weg durch die Fluten fänden, um die Luft der Erde atmen zu können. Doch der Robbenfänger lachte über diese Reden und spottete, diese Robben wären vor allem reif zur Jagd, denn schließlich seien ihre Felle so groß, dass er einen besonders guten Preis für sie herausschlagen könnte.

Nun geschah es eines Tages, dass er wieder seinem Handwerk nachging und mit seinem Jagdmesser nach einem Seehund stieß. War nun der Stoß nicht sicher genug geführt oder war etwas anderes im Spiel? Das Tier verschwand mit einem lauten Schmerzensschrei von den Felsen und unter dem Wasser mit dem Messer im Leib. Der Robbenfänger war recht ärgerlich über seine Ungeschicklichkeit und den Verlust seines Messers und er ging niedergeschlagen heim zum Essen. Auf dem Weg nach

Hause nun traf er einen Reiter, der war so hoch gewachsen und ritt ein so riesiges Pferd, dass er stehen blieb und erstaunt und neugierig war, aus welchem Land der Fremde komme. Dieser hielt ebenfalls an und fragte ihn nach seinem Beruf. Als er nun hörte, er sei ein Robbenfänger, bestellte er sofort eine große Anzahl von Seehundfellen. Der Robbenfänger freute sich sehr, denn eine solche Bestellung bedeutete eine schöne Summe Geldes für ihn. Aber er machte ein langes Gesicht, als der Reiter hinzusetzte, die Felle müssten unbedingt noch am selben Abend geliefert werden. »Das kann ich nicht, das ist unmöglich«, sprach er enttäuscht, »denn die Robben werden erst morgen früh wieder zu den Felsen zurückkehren.«

»Dann werde ich dich zu einem Platz führen, wo du so viele Seehunde finden kannst, wie du brauchst«, antwortete der Fremde, »setz dich nur hinter mich auf mein Pferd!« Der Robbenfänger schwang sich hinter den Reiter und das Pferd stürmte mit solcher Windeseile los, dass er alle Mühe hatte, sich aufrecht zu halten. Sie rasten fort und flogen dahin, bis sie zuletzt an den Rand eines mächtigen Abgrunds kamen, der steil ins Meer abfiel. »Steig ab«, sprach der Fremde. Der Robbenfänger tat, wie ihm geheißen, und als er wieder auf festem Boden stand, spähte er vorsichtig über die Klippen. Zu seiner Verwunderung sah er überhaupt keine Felsen, nur die weite See, die bis an den Fuß der Klippe heranspülte. »Wo sind denn die Robben, von denen Ihr spracht?«, fragte er und bereute im Stillen, sich in ein solches Abenteuer eingelassen zu haben. »Du wirst sie sogleich erblicken«, antwortete der Fremde, der das Pferd am Zaum hielt. Nun ängstigte sich der Robbenfänger vollends. Er fürchtete, dass ihm

Schlimmes drohte, und er wusste, dass es vergeblich sein würde, um Hilfe zu rufen. Im nächsten Augenblick auch legte sich die Hand des Fremden auf seine Schulter und er fühlte, wie er über die Klippen gerissen wurde und ins Meer stürzte. Schon glaubte er, dass seine letzte Stunde gekommen sei, als er zu seinem Erstaunen merkte, dass mit ihm eine Veränderung vorgegangen war. Anstatt vom Wasser erstickt zu werden, konnte er ganz leicht atmen, und sein Gefährte und er schienen so weit ins Meer hinabzusinken, wie sie durch die Luft geflogen waren. Immer tiefer sanken sie, bis sie endlich an ein großes gewölbtes Tor kamen, das aus Korallen gemacht war. Das Tor öffnete sich von selbst und sie waren in einem großen Saal, dessen Wände aus Perlmutter waren. Der Saal war voll von Gästen, doch waren es keine Menschen, sondern Robben.

Perlmutter
→ Seite 254

Als sich nun der Robbenjäger an seinen Begleiter wandte, um ihn zu fragen, was das bedeute, erstarrte er vor Angst und Schrecken, als er sah, dass dieser ebenfalls die Gestalt eines Seehundes angenommen hatte. Noch größer wurde sein Entsetzen, als er sich selbst in einem großen Wandspiegel besah. Auch er war in einen Seehund verwandelt. »Wehe mir«, sprach er, »dieser Fremde hat einen unheilvollen Zauber auf mich gelegt und nun bleibe ich in dieser Gestalt bis an mein Lebensende.« Anfangs sprach keins der Geschöpfe mit ihm. Sie schienen alle sehr traurig zu sein, sprachen gedämpft und betrübt miteinander oder lagen auf dem Boden und wischten sich große Tränen aus ihren Augen.

Plötzlich entfernte sich sein Führer und verschwand durch eine Tür am Ende des Saales. Als er zurückkam, hatte er ein Messer in seiner Hand. »Hast du dieses Messer schon einmal gesehen?«, fragte er den Robbenfänger und der erkannte zu seinem Schrecken sein eigenes Jagdmesser, mit dem er am Morgen den Seehund getroffen und welches das verwundete Tier mit sich genommen hatte. Bei diesem Anblick fiel er zu Boden und bat um Gnade. Er dachte, dass nun die Robben an ihm Rache nehmen und ihn töten würden. Stattdessen scharten sie sich um ihn und baten ihn, dass er sich nicht beunruhigen solle. Sie sagten ihm, sie würden ihn ihr ganzes Leben lang lieben, wenn er das tun würde, was sie von ihm verlangten. »Sagt mir, was es ist«, antwortete der Robbenfänger, »ich will es gerne tun, wenn es in meiner Macht liegt.«

»Folge mir«, antwortete sein Führer und brachte ihn an die Tür, durch die er verschwunden war, als er das Messer holte. Der Robbenfänger folgte ihm. Da erblickte er in einem kleineren Raum einen Seehund auf einem Lager von Seetang mit einer klaffenden Wunde an der Seite.

»Das ist mein Vater«, sprach sein Führer, »den du heute morgen verwundet hast. Er ist ein Wassermann mit Sprache und Verstand wie ihr Sterblichen. Ich habe dich hierhergebracht, damit du ihm die Wunden verbindest, denn nur deine Hand kann ihn heilen.«

»Zur Heilkunst habe ich kein Geschick«, stammelte der Robbenfänger, erstaunt über die Nachsicht der Geschöpfe, denen er solches Unrecht angetan, »doch will ich die Wunde nach bestem Willen verbinden und es tut mir von Herzen leid, dass ich sie schlug.« Er ging zu dem Lager, beugte sich über den Verwundeten, wusch und versorgte ihn. Kaum war er fertig, als sich die Wunde zu schließen und zu heilen schien. Nur die Narbe blieb übrig. Und der Seehund erhob sich von seinem Lager, so munter wie je. Da war große Freude im ganzen Robbenpalast. Alle scharten sich um ihren Freund und zeigten ihm, wie entzückt sie seien über die schnelle Heilung. Die ganze Zeit über stand der Robbenfänger allein in einer Ecke. Er fürchtete sich, dass er nun den Rest seines Lebens unter dem Meer als Seehund verbringen müsse. Doch zu seiner großen Freude nahte sich ihm wieder sein Führer und sprach: »Es steht dir frei, wieder heimzukehren, aber nur unter einer Bedingung will ich dich zur Erde zurückbringen.«

»Welche wäre das?«, fragte der Robbenjäger außer sich vor Freude, wieder der oberen Welt geschenkt zu werden. »Du sollst uns feierlich schwören, dass du nie wieder einen Seehund töten oder verwunden wirst.«

Gelübde
Eid, heiliges Versprechen

»Das will ich tun«, erwiderte der Robbenjäger. Wenn auch das Gelübde den Verzicht auf seinen Beruf bedeutete, so wusste er doch, dass er nur dadurch seine Menschengestalt wiedergewinnen könne. Er legte den geforderten Eid mit aller Feierlichkeit ab und die Robben stellten sich um ihn als Zeugen. Als er die Worte gesprochen hatte, ging ein Seufzer der Erleichterung durch den Saal, denn er war der beste Robbenfänger im Norden. Dann sagte er der geheimnisvollen Gesellschaft Lebwohl und schritt mit seinem Führer wieder durch das Korallentor. Hoch und immer höher schwammen sie durch das Wasser, bis es lichter wurde und sie zuletzt im Sonnenschein der Erde auftauchten. Mit einem Sprung erreichten sie die Höhe der Klippe, wo das große Ross auf sie wartete.

Als sie das Wasser verließen, hatten sie ihre frühere Gestalt wieder: Der eine war ein einfach gekleideter Mann, der Fremde ein gut gekleideter Reiter. »Steig hinter mich aufs Pferd«, sprach jener. Das Pferd sauste davon und es dauerte nicht lange und es stand der einstige Robbenfänger wieder vor seiner Haustür. Er wollte dem Fremden Lebwohl sagen. Da zog dieser einen großen Beutel Goldes heraus, reichte ihn dem Mann und sprach: »Du hast deine Pflicht erfüllt und wir müssen es ebenso machen. Man soll nie sagen dürfen, wir hätten eines ehrlichen Mannes Arbeit beansprucht, ohne uns erkenntlich zu zeigen. Das hier wird dir die Sorgen nehmen bis an dein Lebensende.« Im Galopp ritt der Fremde hinweg. Als der Mann den Beutel in seine Hütte brachte und das Gold auf den Tisch schüttete, sah er, dass der Fremde wahr gesprochen hatte. Bis an sein Lebensende vergaß er den Eid nicht, den er den Robben gegeben, und er ermahnte auch Kinder und Kindeskinder, die Robben zu achten und zu schützen.

Wilhelm Hauff

Kalif Storch 1826

Kalif
→ Seite 254

Großwesir leitender Minister

Der Kalif Chasid zu Bagdad saß einmal an einem schönen Nachmittag behaglich auf seinem Sofa; er hatte ein wenig geschlafen, denn es war ein heißer Tag und sah nun nach seinem Schläfchen recht heiter aus. Er rauchte aus einer langen Pfeife von Rosenholz, trank hie und da ein wenig Kaffee, den ihm ein Sklave einschenkte und strich sich allemal vergnügt den Bart, wenn es ihm geschmeckt hatte. Kurz, man sah dem Kalifen an, dass es ihm recht wohl war. Um diese Stunde konnte man gar gut mit ihm reden, weil er da immer recht mild und leutselig war; deswegen besuchte ihn auch sein Großwesir Mansor alle Tage um diese Zeit. An diesem Nachmittag nun kam er auch, sah aber sehr nachdenklich aus, ganz gegen seine Gewohnheit. Der Kalif tat die Pfeife ein wenig aus dem Mund und sprach: »Warum machst du ein so nachdenkliches Gesicht, Großwesir?«

Der Großwesir schlug seine Arme kreuzweis über die Brust, verneigte sich vor seinem Herrn und antwortete: »Herr, ob ich ein nachdenkliches Gesicht mache, weiß ich nicht; aber da drunten am Schloss steht ein Krämer, der hat so schöne Sachen, dass es mich ärgert, nicht viel überflüssiges Geld zu haben.« Der Kalif, der seinem Großwesir schon lange gerne eine Freude gemacht hätte, schickte seinen schwarzen Sklaven hinunter, um den Krämer heraufzuholen. Bald kam der Sklave mit dem Krämer zurück. Dieser war ein kleiner, dicker Mann, schwarzbraun im Gesicht und in zerlumptem Anzug. Er trug einen Kasten, in welchem er allerhand Waren hatte,

Perlen und Ringe, reichbeschlagene Pistolen, Becher und Kämme. Der Kalif und sein Wesir musterten alles durch, und der Kalif kaufte endlich für sich und Mansor schöne Pistolen, für die Frau des Wesirs aber einen Kamm. Als der Krämer seinen Kasten schon wieder zumachen wollte, sah der Kalif eine kleine Schublade und fragte, ob da auch noch Waren seien. Der Krämer zog die Schublade heraus und zeigte darin eine Dose mit schwärzlichem Pulver und ein Papier mit sonderbarer Schrift, die weder der Kalif noch Mansor lesen konnten. »Ich bekam einmal diese zwei Stücke von einem Kaufmann, der sie in Mekka auf der Straße fand«, sagte der Krämer. »Ich weiß nicht, was sie enthalten; Euch stehen sie um geringen Preis zu Dienst, ich kann doch nichts damit anfangen.« Der Kalif, der in seiner Bibliothek gerne alte Manuskripte hatte, wenn er sie auch nicht lesen konnte, kaufte Schrift und Dose und entließ den Krämer. Der Kalif aber dachte, er möchte gerne wissen, was die Schrift enthalte, und fragte den Wesir, ob er keinen kenne, der es entziffern könnte. »Gnädigster Herr und Gebieter«, antwortete dieser, »an der großen Moschee wohnt ein Mann, er heißt Selim, der Gelehrte, der versteht alle Sprachen, lass ihn kommen, vielleicht kennt er diese geheimnisvollen Züge.«

Mekka
→ Seite 254

Moschee islamisches Gotteshaus

Der Gelehrte Selim war bald herbeigeholt. »Selim«, sprach zu ihm der Kalif, »Selim, man sagt, du seiest sehr gelehrt; guck' einmal ein wenig in diese Schrift, ob du sie lesen kannst; kannst du sie lesen, so bekommst du ein neues Festkleid von mir, kannst du es nicht, so bekommst du zwölf Backenstreiche und fünfundzwanzig auf die Fußsohlen, weil man dich dann umsonst Selim, den Gelehrten, nennt.« Selim verneigte sich und sprach: »Dein Wille geschehe, o Herr!« Lange betrachtete er die Schrift; plötzlich aber rief er aus: »Das ist lateinisch, o Herr, oder ich lass mich hängen.« – »Sag', was drin steht«, befahl der Kalif, »wenn es lateinisch ist.«

Backenstreiche Ohrfeigen

Selim fing an zu übersetzen: »Mensch, der du dieses findest, preise Allah für seine Gnade! Wer von dem Pulver in dieser Dose schnupft und dazu spricht: *Mutabor*, der kann sich in jedes Tier verwandeln und versteht auch die Sprache der Tiere. Will er wieder in seine menschliche Gestalt zurückkehren, so neige er sich dreimal gen Osten und spreche jenes Wort; aber hüte dich, wenn du verwandelt bist, dass du nicht lachest, sonst verschwindet das Zauberwort gänzlich aus deinem Gedächtnis, und du bleibst ein Tier.«

Pulver schnupfen Pulver in die Nase einziehen (wie Schnupftabak)
Mutabor mutabor: lat. ich werde verwandelt werden

Als Selim, der Gelehrte, also gelesen hatte, war der Kalif über die Maßen vergnügt. Er ließ den Gelehrten schwören, niemand etwas von dem Geheimnis zu sagen, schenkte ihm ein schönes Kleid und entließ ihn. Zu seinem Großwesir aber sagte er: »Das heiß' ich gut einkaufen, Mansor! Wie freue ich mich, bis ich ein Tier bin. Morgen früh kommst du zu mir; wir gehen dann miteinander aufs Feld, schnupfen etwas weniges aus meiner Dose und belauschen dann, was in der Luft und im Wasser, im Wald und Feld gesprochen wird!«

Kaum hatte am andern Morgen der Kalif Chasid gefrühstückt und sich angekleidet, als schon der Großwesir erschien, ihn, wie er befohlen, auf dem Spaziergang zu begleiten. Der Kalif steckte die Dose mit dem Zauberpulver in den Gürtel und nachdem er seinem Gefolge befohlen zurückzubleiben, machte er sich mit dem Großwesir ganz allein auf den Weg. Sie gingen zuerst durch die weiten Gärten des Kalifen, spähten aber vergebens nach etwas Lebendigem, um ihr Kunststück zu probieren. Der Wesir schlug endlich vor, weiter hinaus an einen Teich zu gehen, wo er schon oft viele Tiere, namentlich Störche, gesehen habe, die durch ihr gravitätisches Wesen und ihr Geklapper immer seine Aufmerksamkeit erregt haben.

gravitätisch **majestätisch**

Der Kalif billigte den Vorschlag seines Wesirs und ging mit ihm dem Teich zu. Als sie dort angekommen waren, sahen sie einen Storchen ernsthaft auf und ab gehen, Frösche suchend und hie und da etwas vor sich hinklappernd. Zugleich sahen sie auch weit oben in der Luft einen andern Storchen dieser Gegend zuschweben.

»Ich wette meinen Bart, gnädigster Herr«, sagte der Großwesir, »wenn nicht diese zwei Langfüßler ein schönes Gespräch miteinander führen werden. Wie wäre es, wenn wir Störche würden?«

»Wohl gesprochen!«, antwortete der Kalif. »Aber vorher wollen wir noch einmal betrachten, wie man wieder Mensch wird. – Richtig! Dreimal gen Osten geneigt und *Mutabor* gesagt, so bin ich wieder Kalif und du Wesir. Aber nur ums Himmels willen nicht gelacht, sonst sind wir verloren!«

Prise **kleine Menge**

Während der Kalif also sprach, sah er den andern Storchen über ihrem Haupte schweben und langsam sich zur Erde lassen. Schnell zog er die Dose aus dem Gürtel, nahm eine gute Prise, bot sie dem Großwesir dar, der gleichfalls schnupfte, und beide riefen: *Mutabor*! Da schrumpften ihre Beine ein und wurden dünn und rot, die schönen gelben Pantoffel des Kalifen und seines Begleiters wurden unförmliche Storchfüße, die Arme wurden zu Flügeln, der Hals fuhr aus den Achseln und ward eine Elle lang, der Bart war verschwunden, und den Körper bedeckten weiche Federn.

»Ihr habt einen hübschen Schnabel, Herr Großwesir«, sprach nach langem Erstaunen der Kalif. »Beim

Bart des Propheten, so etwas habe ich in meinem Leben nicht gesehen.«

beim Bart des Propheten siehe Mekka → Seite 254

»Danke untertänigst«, erwiderte der Großwesir, indem er sich bückte; »aber wenn ich es wagen darf zu behaupten, Eure Hoheit sehen als Storch beinahe noch hübscher aus denn als Kalif. Aber kommt, wenn es Euch gefällig ist, dass wir unsere Kameraden dort belauschen und erfahren, ob wir wirklich Storchisch können.« Indem war der andere Storch auf der Erde angekommen; er putzte sich mit dem Schnabel seine Füße, legte seine Federn zurecht und ging auf den ersten Storchen zu. Die beiden neuen Störche aber beeilten sich, in ihre Nähe zu kommen und vernahmen zu ihrem Erstaunen folgendes Gespräch:

»Guten Morgen, Frau Langbein, so früh schon auf der Wiese?«

»Schönen Dank, lieber Klapperschnabel! Ich habe mir nur ein kleines Frühstück geholt. Ist Euch vielleicht ein Viertelchen Eidechs gefällig oder ein Froschschenkelein?«

»Danke gehorsamst, habe heute gar keinen Appetit. Ich komme auch wegen etwas ganz anderem auf die Wiese. Ich soll heute vor den Gästen meines Vaters tanzen und da will ich mich im Stillen ein wenig üben.«

Zugleich schritt die junge Störchin in wunderlichen Bewegungen durch das Feld. Der Kalif und Mansor sahen ihr verwundert nach. Als sie aber in malerischer Stellung auf einem Fuß stand und mit den Flügeln anmutig dazu wedelte, da konnten sich die beiden nicht mehr halten; ein unaufhaltsames Gelächter brach aus ihren Schnäbeln hervor, von dem sie sich erst nach langer Zeit erholten. Der Kalif fasste sich zuerst wieder: »Das war einmal ein Spaß«, rief er, »der nicht mit Gold zu bezahlen ist. Schade, dass die dummen Tiere durch unser Gelächter sich haben verscheuchen lassen, sonst hätten sie gewiss auch noch gesungen!«

Aber jetzt fiel es dem Großwesir ein, dass das Lachen während der Verwandlung verboten war. Er teilte seine Angst deswegen dem Kalifen mit. »Potz Mekka und Medina! Das wäre ein schlechter Spaß, wenn ich ein Storch bleiben müsste! Besinne dich doch auf das dumme Wort! Ich bring' es nicht heraus.« – »Dreimal gen Osten müssen wir uns bücken und dazu sprechen: Mu – Mu – Mu.« Sie stellten sich gen Osten und bückten sich in einem fort, dass ihre Schnäbel beinahe die Erde berührten. Aber, o Jammer! Das Zauberwort war ihnen entfallen und so oft sich auch der Kalif bückte, so sehnlich auch sein Wesir Mu – Mu dazu rief, jede Erinnerung daran war verschwunden, und der arme Chasid und sein Wesir waren und blieben Störche.

Medina
→ Seite 254

Traurig wandelten die Verzauberten durch die Felder; sie wussten gar nicht, was sie in ihrem Elend anfangen sollten. Aus ihrer Storchenhaut konnten sie nicht heraus, in die Stadt zurück konnten sie auch nicht, um sich zu erkennen zu geben; denn wer hätte einem Storchen geglaubt, dass er der Kalif sei, und wenn man es auch geglaubt hätte, würden die Einwohner von Bagdad einen Storchen zum Kalifen gewollt haben?

So schlichen sie mehrere Tage umher und ernährten sich kümmerlich von Feldfrüchten, die sie aber wegen ihrer langen Schnäbel nicht gut verspeisen konnten. Zu

Eidechsen und Fröschen hatten sie übrigens keinen Appetit; denn sie befürchteten, mit solchen Leckerbissen sich den Magen zu verderben. Ihr einziges Vergnügen in dieser traurigen Lage war, dass sie fliegen konnten und so flogen sie oft auf die Dächer von Bagdad, um zu sehen, was darin vorging.

In den ersten Tagen bemerkten sie große Unruhe und Trauer in den Straßen. Aber ungefähr am vierten Tag nach ihrer Verzauberung saßen sie auf dem Palast des Kalifen; da sahen sie unten in der Straße einen prächtigen Aufzug; Trommeln und Pfeifen ertönten, ein Mann in einem goldgestickten Scharlachmantel saß auf einem geschmückten Pferd, umgeben von glänzenden Dienern. Halb Bagdad sprang ihm nach und alle schrien: »Heil Mizra, dem Herrscher von Bagdad!« Da sahen die beiden Störche auf dem Dache des Palastes einander an und der Kalif Chasid sprach: »Ahnst du jetzt, warum ich verzaubert bin, Großwesir? Dieser Mizra ist der Sohn meines Todfeindes, des mächtigen Zauberers Kaschnur, der mir in einer bösen Stunde Rache schwor. Aber noch gebe ich die Hoffnung nicht auf. Komm mit mir, du treuer Gefährte meines Elends, wir wollen zum Grab des Propheten wandern; vielleicht, dass an heiliger Stätte der Zauber gelöst wird.«

Scharlachmantel **rot gefärbter Mantel**

Sie erhoben sich vom Dach des Palastes und flogen der Gegend von Medina zu. Mit dem Fliegen wollte es aber nicht gar gut gehen, denn die beiden Störche hatten noch wenig Übung. »O Herr«, ächzte nach ein paar Stunden der Großwesir, »ich halte es mit Eurer Erlaubnis nicht mehr lange aus, Ihr fliegt gar zu schnell! Auch ist es schon Abend und wir täten wohl, ein Unterkommen für die

Obdach Unterkunft, hier: Unterschlupf

Nacht zu suchen.« Chasid gab der Bitte seines Dieners Gehör und da er unten im Tal eine Ruine erblickte, die ein Obdach zu gewähren schien, so flogen sie dahin. Der Ort, wo sie sich für diese Nacht niedergelassen hatten, schien ehemals ein Schloss gewesen zu sein. Schöne Säulen ragten aus den Trümmern hervor, mehrere Gemächer, die noch ziemlich erhalten waren, zeugten von der ehemaligen Pracht des Hauses. Chasid und sein Begleiter gingen durch die Gänge umher, um sich ein trockenes Plätzchen zu suchen, plötzlich blieb der Storch Mansor stehen. »Herr und Gebieter«, flüsterte er leise, »wenn es nur nicht töricht für einen Großwesir, noch mehr aber für einen Storchen wäre, sich vor Gespenstern zu fürchten! Mir ist ganz unheimlich zumut, denn hier neben hat es ganz vernehmlich geseufzt und gestöhnt.«

Der Kalif blieb nun auch stehen und hörte ganz deutlich ein leises Weinen, das eher einem Menschen als einem Tiere anzugehören schien. Voll Erwartung wollte er der Gegend zugehen, woher die Klagetöne kamen; der Wesir aber packte ihn mit dem Schnabel am Flügel und bat ihn flehentlich, sich nicht in neue, unbekannte Gefahren zu stürzen. Doch vergebens! Der Kalif, dem auch unter dem Storchenflügel ein tapferes Herz schlug, riss sich mit Verlust einiger Federn los und eilte in einen finsteren Gang. Bald war er an einer Tür angelangt, die nur angelehnt schien und woraus er deutliche Seufzer mit ein wenig Geheul vernahm. Er stieß mit dem Schnabel die Türe auf, blieb aber überrascht auf der Schwelle stehen. In dem verfallenen Gemach, das nur durch ein kleines Gitterfenster spärlich erleuchtet war, sah er eine große Nachteule am Boden sitzen. Dicke Tränen rollten ihr aus den großen, runden Augen, und mit heiserer Stimme stieß sie ihre Klagen zu dem krummen Schnabel heraus. Als sie aber den Kalifen und seinen Wesir, der indes auch herbeigeschlichen war, erblickte, erhob sie ein lautes Freudengeschrei. Zierlich wischte sie mit dem braungefleckten Flügel die Tränen aus dem Auge und zu dem großen Erstaunen der beiden rief sie in gutem menschlichem Arabisch: »Willkommen, ihr Störche! Ihr seid mir ein gutes Zeichen meiner Errettung, denn durch Störche werde mir ein großes Glück kommen, ist mir einst prophezeit worden!«

Als sich der Kalif von seinem Erstaunen erholt hatte, bückte er sich mit seinem langen Hals, brachte seine dünnen Füße in eine zierliche Stellung und sprach: »Nachteule! Deinen Worten nach darf ich glauben, eine Leidensgefährtin in dir zu sehen. Aber ach! Deine Hoffnung, dass durch uns deine Rettung kommen werde, ist vergeblich. Du wirst unsere Hilflosigkeit selbst erkennen, wenn du unsere Geschichte hörst.« Die Nachteule bat ihn zu erzählen, der Kalif aber hub an und erzählte, was wir bereits wissen.

hub an
fing an

Als der Kalif der Eule seine Geschichte vorgetragen hatte, dankte sie ihm und sagte: »Vernimm auch meine Geschichte und höre, wie ich nicht weniger unglücklich bin als du. Mein Vater ist der König von Indien, ich, seine einzige, unglückliche Tochter, heiße Lusa. Jener Zauberer Kaschnur, der euch verzauberte, hat auch mich ins Unglück gestürzt. Er kam eines Tages zu meinem Vater und begehrte mich zur Frau für seinen Sohn Mizra. Mein Vater aber, der ein hitziger Mann ist, ließ ihn die Treppe hinunterwerfen. Der Elende wusste sich unter einer andern Gestalt wieder in meine Nähe zu schleichen, und als ich einst in meinem Garten Erfrischungen zu mir nehmen wollte, brachte er mir, als Sklave verkleidet, einen Trank bei, der mich in diese abscheuliche Gestalt verwandelte. Vor Schrecken ohnmächtig, brachte er mich hierher und rief mir mit schrecklicher Stimme in die Ohren: ›Da sollst du bleiben, hässlich, selbst von den Tieren verachtet, bis an dein Ende oder bis einer aus freiem Willen dich, selbst in dieser schrecklichen Gestalt, zur Gattin begehrt. So räche ich mich an dir und deinem stolzen Vater.‹ Seitdem sind viele Monate verflossen. Einsam und traurig lebe ich als Einsiedlerin in diesem Gemäuer, verabscheut von der Welt, selbst den Tieren ein Gräuel, die schöne Natur ist vor mir verschlossen; denn ich bin blind am Tage und nur wenn der Mond sein bleiches Licht über dies Gemäuer ausgießt, fällt der verhüllende Schleier von meinem Auge.«

Die Eule hatte geendet und wischte sich mit dem Flügel wieder die Augen aus, denn die Erzählung ihrer Leiden hatte ihr Tränen entlockt. Der Kalif war bei der Erzählung der Prinzessin in tiefes Nachdenken versunken. »Wenn mich nicht alles täuscht«, sprach er, »so findet zwischen unserem Unglück ein geheimer Zusammenhang statt; aber wo finde ich den Schlüssel zu diesem Rätsel?« Die Eule antwortete ihm: »O Herr! Auch mir ahnet dies; denn es ist mir einst in meiner frühesten Jugend von einer weisen Frau prophezeit worden, dass ein Storch mir ein großes Glück bringen werde und ich wüsste vielleicht, wie wir uns retten könnten.« Der Kalif war sehr erstaunt und fragte, auf welchem Wege sie meine. »Der

mir ahnet dies **ich ahnte dies**

Zauberer, der uns beide unglücklich gemacht hat«, sagte sie, »kommt alle Monate einmal in diese Ruinen. Nicht weit von diesem Gemach ist ein Saal. Dort pflegt er dann mit vielen Genossen zu schmausen. Schon oft habe ich sie dort belauscht. Sie erzählen dann einander ihre schändlichen Werke; vielleicht, dass er dann das Zauberwort, das ihr vergessen habt, ausspricht.«

»O, teuerste Prinzessin«, rief der Kalif, »sag an, wann kommt er und wo ist der Saal?« Die Eule schwieg einen Augenblick und sprach dann: »Nehmet es nicht ungütig, aber nur unter einer Bedingung kann ich Euern Wunsch erfüllen.«

»Sprich aus! Sprich aus!« schrie Chasid. »Befiehl, es ist mir jede recht.«

»Nämlich, ich möchte auch gern zugleich frei sein; dies kann aber nur geschehen, wenn einer von euch mir seine Hand reicht.«

Die Störche schienen über den Antrag etwas betroffen zu sein und der Kalif winkte seinem Diener, ein wenig mit ihm hinauszugehen. »Großwesir«, sprach vor der Türe der Kalif, »das ist ein dummer Handel; aber Ihr könntet sie schon nehmen.«

»So?«, antwortete dieser, »dass mir meine Frau, wenn ich nach Haus komme, die Augen auskratzt? Auch bin ich ein alter Mann und Ihr seid noch jung und unverheiratet und könntet eher einer jungen, schönen Prinzessin die Hand geben.«

»Das ist es eben«, seufzte der Kalif, indem er traurig die Flügel hängen ließ, »wer sagt dir denn, dass sie jung und schön ist? Das heißt eine Katze im Sack kaufen!«

Sie redeten einander gegenseitig noch lange zu; endlich aber, als der Kalif sah, dass sein Wesir lieber Storch bleiben als die Eule heiraten wollte, entschloss er sich, die Bedingung lieber selbst zu erfüllen. Die Eule war hocherfreut. Sie gestand ihnen, dass sie zu keiner besseren Zeit hätten kommen können, weil wahrscheinlich in dieser Nacht die Zauberer sich versammeln würden. Sie verließ mit den Störchen das Gemach, um sie in jenen Saal zu führen; sie gingen lange in einem finstern Gang hin; end-

lich strahlte ihnen aus einer halb verfallenen Mauer ein heller Schein entgegen. Als sie dort angelangt waren, riet ihnen die Eule sich ganz ruhig zu verhalten. Sie konnten von der Lücke, an welcher sie standen, einen großen Saal übersehen. Er war ringsum mit Säulen geschmückt und prachtvoll verziert. Viele farbige Lampen ersetzten das Licht des Tages. In der Mitte des Saales stand ein runder Tisch, mit vielen und ausgesuchten Speisen besetzt. Rings um den Tisch zog sich ein Sofa, auf welchem acht Männer saßen. In einem dieser Männer erkannten die Störche jenen Krämer wieder, der ihnen das Zauberpulver verkauft hatte. Sein Nebensitzer forderte ihn auf, ihnen seine neuesten Taten zu erzählen. Er erzählte unter anderm auch die Geschichte des Kalifen und seines Wesirs. »Was für ein Wort hast du ihnen denn aufgegeben?«, fragte ihn ein anderer Zauberer. »Ein recht schweres lateinisches, es heißt *Mutabor*.«

Als die Störche an ihrer Mauerlücke dieses hörten, kamen sie vor Freuden beinah außer sich. Sie liefen auf ihren langen Füßen so schnell dem Tor der Ruine zu, dass die Eule kaum folgen konnte. Dort sprach der Kalif gerührt zu der Eule: »Retterin meines Lebens und des Lebens meines Freundes, nimm zum ewigen Dank für das, was du an uns getan, mich zum Gemahl an!« Dann aber wandte er sich nach Osten. Dreimal bückten die Störche ihre langen Hälse der Sonne entgegen, die soeben hinter dem Gebirge heraufstieg. »*Mutabor*!«, riefen sie; im Nu waren sie verwandelt und in der hohen Freude des neu geschenkten Lebens lagen Herr und Diener lachend und weinend einander in den Armen.

Wer beschreibt aber ihr Erstaunen, als sie sich umsahen? Eine schöne Dame, herrlich geschmückt, stand vor ihnen. Lächelnd gab sie dem Kalifen die Hand. »Erkennt Ihr Eure Nachteule nicht mehr?«, sagte sie. Sie war es; der Kalif war von ihrer Schönheit und Anmut so entzückt, dass er ausrief, es sei sein größtes Glück, dass er Storch geworden sei. Die drei zogen nun miteinander auf Bagdad zu. Der Kalif fand in seinen Kleidern nicht nur die Dose mit Zauberpulver, sondern auch seinen Geldbeutel. Er kaufte daher im nächsten Dorf, was zu ihrer Reise nötig war, und so kamen sie bald an die Tore von Bagdad. Dort aber erregte die Ankunft des Kalifen großes

Erstaunen. Man hatte ihn für tot ausgegeben und das Volk war daher hocherfreut, seinen geliebten Herrscher wieder zu haben.

Um so mehr aber entbrannte ihr Hass gegen den Betrüger Mizra. Sie zogen in den Palast und nahmen den alten Zauberer und seinen Sohn gefangen. Den Alten schickte der Kalif in dasselbe Gemach der Ruine, das die Prinzessin als Eule bewohnt hatte, und ließ ihn dort aufhängen. Dem Sohn aber, welcher nichts von den Künsten des Vaters verstand, ließ der Kalif die Wahl, ob er sterben oder schnupfen wolle. Als er das letztere wählte, bot ihm der Großwesir die Dose. Eine tüchtige Prise und das Zauberwort des Kalifen verwandelte ihn in einen Storchen. Der Kalif ließ ihn in einen eisernen Käfig sperren und in seinem Garten aufstellen.

Lange und vergnügt lebte Kalif Chasid mit seiner Frau, der Prinzessin; seine vergnügtesten Stunden waren immer die, wenn ihn der Großwesir nachmittags besuchte; da sprachen sie dann oft von ihrem Storchenabenteuer, und wenn der Kalif recht heiter war, ließ er sich herab, den Großwesir nachzuahmen, wie er als Storch aussah. Er stieg dann ernsthaft mit steifen Füßen im Zimmer auf und ab, klapperte, wedelte mit den Armen, wie mit Flügeln und zeigte, wie jener sich vergeblich nach Osten geneigt und Mu – Mu – dazu gerufen habe. Für die Frau Kalifin und ihre Kinder war diese Vorstellung allemal eine große Freude, wenn aber der Kalif gar zu lange klapperte und nickte und Mu – Mu – schrie, dann drohte ihm lächelnd der Wesir, er wolle das, was vor der Tür der Prinzessin Nachteule verhandelt worden sei, der Frau Kalifin mitteilen.

Eduard Mörike

Die schöne Lau (Auszug) 1853

Der Blautopf – wenn ihn meine Leser nicht längst kennen – ist der große runde Kessel eines wundersamen Quells bei einer jähen Felsenwand gleich hinter dem Kloster. Gen Morgen sendet er ein Flüsschen aus, die Blau, welche der Donau zufällt. Dieser Teich ist einwärts wie ein tiefer Trichter, sein Wasser von Farbe ganz blau, sehr herrlich, mit Worten nicht wohl zu beschreiben, wenn man es aber schöpft, sieht es ganz hell in dem Gefäß. Zu unterst auf dem Grund saß ehemals – lang vor Seppes Zeiten – eine Wasserfrau mit langen fließenden Haaren. Ihr Leib war allenthalben wie eines schönen natürlichen Weibs, dies eine ausgenommen, dass sie zwischen den Fingern und Zehen eine Schwimmhaut hatte, blühweiß und zärter als ein Blatt von Mohn. Im Städtlein ist noch heutzutage ein alter Bau, vormals ein Frauenkloster, hernach zu einer großen Wirtschaft eingerichtet und hieß darum der Nonnenhof. Dort hing vor sechzig Jahren noch ein Bildnis von dem Wasserweib, trotz Rauch und Alter noch wohl kenntlich in den Farben. Da hatte sie die Hände kreuzweis auf die Brust gelegt, ihr Angesicht sah weißlich, das Haupthaar schwarz, die Augen aber, welche sehr groß waren, blau. Beim Volk hieß sie die arge Lau im Topf, auch wohl die schöne Lau. Gegen die Menschen erzeigte sie sich bald böse, bald gut. Zuzeiten, wenn sie im Unmut den Gumpen übergehen ließ, kam Stadt und Kloster in Gefahr, dann brachten ihr die Bürger in einem feierlichen Aufzug oft Geschenke, sie zu begütigen, als: Gold- und Silbergeschirr, Becher,

Blautopf **→ Seite 254**

Seppe **vgl. S. 246**

allenthalben **überall**

blühweiß **blühend weiß**

zärter **zarter**

arge **schlimme, böse**

Lau **→ Seite 254**

Gumpen **Wasserloch, kesselartige Vertiefung in einem See**

übergehen **überlaufen, über die Ufer treten**

Schalen, kleine Messer und andre Dinge; dawider zwar, als einen heidnischen Gebrauch und Götzendienst, die Mönche redlich eiferten, bis derselbe auch endlich ganz abgestellt worden. So feind darum die Wasserfrau dem Kloster war, geschah es doch nicht selten, wenn Pater Emeran die Orgel drüben schlug und kein Mensch in der Nähe war, dass sie am lichten Tag mit halbem Leib heraufkam und zuhorchte; dabei trug sie zuweilen einen Kranz von breiten Blättern auf dem Kopf und auch dergleichen um den Hals.

Ein frecher Hirtenjung belauschte sie einmal in dem Gebüsch und rief: Hei, Laubfrosch! git's guat Wetter? Geschwinder als ein Blitz und giftiger als eine Otter fuhr sie heraus, ergriff den Knaben beim Schopf und riss ihn mit hinunter in eine ihrer nassen Kammern, wo sie den ohnmächtig Gewordenen jämmerlich verschmachten und verfaulen lassen wollte. Bald aber kam er wieder zu sich, fand eine Tür und kam, über Stufen und Gänge, durch viele Gemächer in einen schönen Saal. Hier war es lieblich, glusam mitten im Winter. In einer Ecke brannte, indem die Lau und ihre Dienerschaft schon schlief, auf einem hohen Leuchter mit goldenen Vogelfüßen als Nachtlicht eine Ampel. Es stand viel köstlicher Hausrat herum an den Wänden, und diese waren samt dem Estrich ganz mit Teppichen staffiert, Bildweberei in allen Farben. Der Knabe hurtig nahm das Licht herunter von dem Stock, sah sich in Eile um, was er noch sonst erwischen möchte, und griff aus einem Schrank etwas heraus, das stak in einem Beutel und war mächtig schwer, deswegen er vermeinte, es sei Gold; lief dann und kam vor ein erzenes Pförtlein, das mochte in der Dicke gut zwo Fäus-

Gebrauch Brauch, Sitte
Orgel schlagen Orgel spielen
git's guat Wetter gibt's gutes Wetter?
glusam mäßig erwärmt
Ampel Lampe
Estrich Fußboden
staffiert ausgestattet
erzenes eisernes
zwo zwei

te sein, schob die Riegel zurück und stieg eine steinerne Treppe hinauf in unterschiedlichen Absätzen, bald links, bald wieder rechts, gewiss vierhundert Stufen, bis sie zuletzt ausgingen und er auf ungeräumte Klüfte stieß; da musste er das Licht dahinten lassen und kletterte so mit Gefahr seines Lebens noch eine Stunde lang im Finstern hin und her, dann aber brachte er den Kopf auf einmal aus der Erde. Es war tief Nacht und dicker Wald um ihn. Als er nach vielem Irregehen endlich mit der ersten Morgenhelle auf gänge Pfade kam und von dem Felsen aus das Städtlein unten erblickte, verlangte ihn am Tag zu sehen, was in dem Beutel wäre; da war es weiter nichts als ein Stück Blei, ein schwerer Kegel, spannenlang, mit einem Öhr an seinem oberen Ende, weiß vor Alter. Im Zorn warf er den Plunder weg, ins Tal hinab, und sagte nachher weiter niemand von dem Raub, weil er sich dessen schämte. Doch kam von ihm die erste Kunde von der Wohnung der Wasserfrau unter die Leute.

Klüfte Abgründe

gänge begangene

spannenlang → Seite 254

Öhr Loch, kleine Öffnung

Plunder altes Zeug

Nun ist zu wissen, dass die schöne Lau nicht hier am Ort zu Hause war; vielmehr war sie, als eine Fürstentochter, und zwar von Mutterseiten her halbmenschlichen Geblüts, mit einem alten Donaunix am Schwarzen Meer vermählt. Ihr Mann verbannte sie, darum, dass sie nur tote Kinder hatte. Das aber kam, weil sie stets traurig war, ohn' einige besondere Ursach. Die Schwiegermutter hatte ihr geweissagt, sie möge eher nicht eines lebenden Kindes genesen, als bis sie fünfmal von Herzen gelacht haben würde. Beim fünften Male müsste etwas sein, das dürfe sie nicht wissen, noch auch der alte Nix. Es wollte aber damit niemals glücken, so viel auch ihre Leute deshalb Fleiß anwendeten; endlich da mochte sie der alte König

Geblüt Herkunft, Abstammung

ohn' einige besondere ohne besondere

ferner nicht an seinem Hofe leiden und sandte sie an diesen Ort, unweit der obern Donau, wo seine Schwester wohnte. Die Schwiegermutter hatte ihr zum Dienst und Zeitvertreib etliche Kammerzofen und Mägde mitgegeben, so muntere und kluge Mädchen, als je auf Entenfüßen gingen (denn was von dem gemeinen Stamm der Wasserweiber ist, hat rechte Entenfüße); die zogen sie, pur für die Langeweile, sechsmal des Tages anders an – denn außerhalb dem Wasser ging sie in köstlichen Gewändern, doch barfuß –, erzählten ihr alte Geschichten und Mären, machten Musik, tanzten und scherzten vor ihr. An jenem Saal, darin der Hirtenbub gewesen, war der Fürstin ihr Gaden oder Schlafgemach, von welchem eine Treppe in den Blautopf ging. Da lag sie manchen lieben Tag und manche Sommernacht, der Kühlung wegen. Auch hatte sie allerlei lustige Tiere, wie Vögel, Küllhasen und Affen, vornehmlich aber einen possigen Zwerg, durch welchen vormals einem Ohm der Fürstin war von ebensolcher Traurigkeit geholfen worden. Sie spielte alle Abend Damenziehen, Schachzagel oder Schaf und Wolf mit ihm; so oft er einen ungeschickten Zug getan, schnitt er die raresten Gesichter, keines dem andern gleich, nein, immer eines ärger als das andere, dass auch der weise Salomo das Lachen nicht gehalten hätte, geschweige denn die Kammerjungfern oder du selber, liebe Leserin, wärst du dabei gewesen; nur bei der schönen Lau schlug eben gar nichts an, kaum dass sie ein paarmal den Mund verzog.

Es kamen alle Jahr um Winters Anfang Boten von daheim, die klopften an der Halle mit dem Hammer, da frugen dann die Jungfern:

ferner außerdem

Kammerzofen Kammermädchen

Gaden Gemach, Zimmer

Küllhasen Kaninchen

possig witzig, spaßig

vormals damals

Ohm Oheim, Onkel

Schachzagel Schachspiel

raresten seltensten, ausgefallensten

Salomo → Seite 254

Wer pochet, dass einem das Herz erschrickt?

Und jene sprachen:
Der König schickt!
Gebt uns wahrhaftigen Bescheid,
Was Guts ihr habt geschafft die Zeit.

Und sie sagten:
Wir haben die ferndigen Lieder gesungen,
Und haben die ferndigen Tänze gesprungen,
Gewonnen war es um ein Haar! –
Kommt, liebe Herren, übers Jahr.

die ferndigen Lieder **die Lieder vom letzten Jahr**

So zogen sie wieder nach Haus. Die Frau war aber vor der Botschaft und darnach stets noch einmal so traurig. Im Nonnenhof war eine dicke Wirtin, Frau Betha Seysolffin, ein frohes Biederweib, christlich, leutselig, gütig; zumal an armen reisenden Gesellen bewies sie sich als eine rechte Fremdenmutter. Die Wirtschaft führte zumeist ihr ältester Sohn, Stephan, welcher verehelicht war, ein anderer, Xaver, war Klosterkoch, zwo Töchter noch bei ihr. Sie hatte einen kleinen Küchengarten vor der Stadt, dem Topf zunächst. Als sie im Frühjahr einst am ersten warmen Tag dort war und ihre Beete richtete, den Kappis, den Salat zu säen, Bohnen und Zwiebel zu stecken, besah sie sich von ungefähr auch einmal recht mit Wohlgefallen wieder das schöne blaue Wasser überm Zaun und mit Verdruss daneben einen alten garstigen Schutthügel, der schändete den ganzen Platz; nahm also, wie sie fertig war mit ihrer Arbeit und das Gartentürlein hinter sich zugemacht hatte, die Hacke noch einmal, riss flink das

Biederweib **rechtschaffene, ehrenhafte Frau**

Kappis **Kohl**

erlas las heraus
Haufen Hügel
saubere Frau adrette, hübsche Frau
als halte sie zu seiner Widersacherin als halte er sie für seine Gegnerin
Wüstung unfruchtbarer Schutthügel

gröbste Unkraut aus, erlas etliche Kürbiskern' aus ihrem Samenkorb und steckte hin und wieder einen in den Haufen. (Der Abt im Kloster, der die Wirtin, als eine saubere Frau, gern sah – man hätte sie nicht über vierzig Jahr geschätzt, er selber aber war gleich ihr ein stark beleibter Herr –, stand just am Fenster oben und grüßte herüber, indem er ihr mit dem Finger drohte, als halte sie zu seiner Widersacherin.) Die Wüstung grünte nun den ganzen Sommer, dass es eine Freude war, und hingen dann im Herbst die großen gelben Kürbis an dem Abhang nieder bis zu dem Teich.

Jetzt ging einstmals der Wirtin Tochter, Jutta, in den Keller, woselbst sich noch von alten Zeiten her ein offener Brunnen mit einem steinernen Kasten befand. Beim Schein des Lichts erblickte sie darinne mit Entsetzen die schöne Lau, schwebend bis an die Brust im Wasser; sprang voller Angst davon und sagts der Mutter an; die fürchtete sich nicht und stieg allein hinunter, litt auch nicht, dass ihr der Sohn zum Schutz nachfolgte, weil das Weib nackt war. Der wunderliche Gast sprach diesen Gruß:

wüst öde, leer
kraus lockig, hier: gebogen, gewunden
meinethalb meinetwegen
mein meinen
billig billigerweise (das ist recht und billig)

Die Wasserfrau ist kommen
Gekrochen und geschwommen,
Durch Gänge steinig, wüst und kraus,
Zur Wirtin in das Nonnenhaus.
Sie hat sich meinethalb gebückt,
Mein Topf geschmückt
Mit Früchten und mit Ranken,
Das muss ich billig danken.

Sie hatte einen Kreisel aus wasserhellem Stein in ihrer Hand, den gab sie der Wirtin und sagte: »Nehmt dieses Spielzeug, liebe Frau, zu meinem Angedenken. Ihr werdet guten Nutzen davon haben. Denn jüngsthin habe ich gehört, wie Ihr in Eurem Garten der Nachbarin klagtet, Euch sei schon auf die Kirchweih angst, wo immer die Bürger und Bauern zu Unfrieden kämen und Mord und Totschlag zu befahren sei. Derhalben, liebe Frau, wenn wieder die trunkenen Gäste bei Tanz und Zeche Streit beginnen, nehmt den Topf zur Hand und dreht ihn vor der Tür des Saals im Öhrn, da wird man hören durch das ganze Haus ein mächtiges und herrliches Getöne, dass alle gleich die Fäuste werden sinken lassen und guter Dinge sein, denn jählings ist ein jeder nüchtern und gescheit geworden. Ist es an dem, so werfet Eure Schürze auf den Topf, da wickelt er sich alsbald ein und lieget stille.«

So redete das Wasserweib. Frau Bethe nahm vergnügt das Kleinod samt der goldenen Schnur und dem Halter von Ebenholz, rief ihrer Tochter Jutta her (sie stand nur hinter dem Krautfass an der Staffel), wies ihr die Gabe, dankte und lud die Frau, so oft die Zeit ihr lang wär', freundlich ein zu fernerem Besuch, darauf das Weib hinabfuhr und verschwand.

Skulptur der Schönen Lau in Blaubeuren

Kreisel
→ Seite 255

Angedenken Andenken

jüngsthin vor kurzem

zu Unfrieden kämen Streit und Unruhe stifteten

Mord und Totschlag zu befahren sei Mord und Totschlag drohe und zu bekämpfen sei

derhalben deshalb

Topf hier: Kreisel (mhd. »krus« Krug)

Öhrn Hausflur

jählings plötzlich

ist es an dem ist dies passiert

Kleinod Kostbarkeit

Ebenholz tiefschwarzes kostbares Edelholz

Staffel Treppe

wies zeigte

zu fernerem Besuch zu weiteren Besuchen

Aschenputtel. Scherenschnitt von Hedwig Goller, 1983

Das Erdkühlein

Ältestes Märchen aus Deutschland

Ein guter armer Mann hatte eine Frau und von ihr zwei Töchterchen, und ehe diese Kindlein, von denen das kleinere Margarete und das größere Anne hieß, erwachsen waren, starb ihm die Frau, und deshalb nahm er eine andere. Nun wurde aber diese Frau neidisch auf die kleine Margarete und hätte gern gewollt, dass das Kind tot gewesen wäre, doch es selbst umzubringen, dünkte sie nicht gut, und so zog sie mit List das ältere Mädchen zu sich, dass es ihr hold und der Schwester feind wurde.

dünkte erschien

hold hier: freundlich gesinnt

Einmal begab es sich, dass die Mutter und die ältere Tochter beieinander saßen und beratschlagten, was sie dem Mägdlein antun konnten, dass sie es los würden. Endlich beschlossen sie, dass sie miteinander in den Wald gehen und das Mägdlein mitnehmen wollten, und in dem Wald wollten sie das Mägdlein aussetzen, dass es nicht mehr zu ihnen zurückkommen könnte.

Nun stand das Mägdlein vor der Stubentür und hörte alle die Worte, die seine Mutter und Schwester gegen es sprachen und wie sie über seinen Tod beratschlagten. Da wurde es sehr betrübt, weil es ohne jede Ursache sterben sollte. Und betrübt ging es zu seiner Taufpatin und klagte ihr die große Untreue und das tödliche, mörderische Urteil, welches von Schwester und Mutter verhängt worden war. »Nun wohlan«, sprach die gute alte Frau, »mein liebes Kind, wenn es so mit dir steht, geh hin und nimm Sägemehl, und wenn du deiner Mutter nachgehst, streue es vor dich hin! Wenn sie dich nachher verlassen, so geh du dieser Spur nach, und du kommst wieder heim.«

Die gute Tochter tat, wie ihr die alte Frau befohlen hatte. Und als sie hinaus in den Wald kam, setzte sich ihre Mutter nieder und sprach zum älteren Mädchen: »Komm her, Anne, und lause mich! Derweil geht das Gretlein hin und sammelt uns drei Bürden Holz; dann wollen wir an diesem Ort seiner warten, danach gehen wir miteinander heim.« Nun zog das gute arme Töchterchen hin und streute vor sich das Sägemehl aus (denn es wusste wohl, wie es ihm gehen würde) und sammelte drei Bürden Holz. Und als es die gesammelt, nahm es sie auf den Kopf und trug sie an den Ort, wo es seine Stiefmutter und Schwester zurückgelassen hatte. Als es aber dort hinkam, fand es sie nicht; es behielt jedoch seine drei Bündel auf dem Kopf, zog auf seinem Wege wieder heim und warf die drei Bündel ab.

Bürde
etwas, das getragen wird

Und als die Mutter es sah, sprach sie zum anderen Mägdlein: »Anne, unsere Tochter ist wiedergekommen, und all unsere Kunst hat uns nichts genützt. Darum wollen wir morgen an einen anderen Ort gehen und das Mägdlein abermals von uns schicken; dann wird es nicht mehr heimkommen können, und wir sind seiner ledig.«

seiner ledig
von ihm befreit

Als nun die gute Margarete diese Worte von neuem hörte, lief sie wieder zu ihrer Taufpatin und zeigte ihr diesen Plan an. »Wohlan«, sprach die Frau, »ich sehe wohl, dass sie dir nach deinem Leben trachten und keine Ruhe haben werden, bis sie dich umbringen. So gehe deshalb hin, nimm Spreu und streue die abermals vor dich hin, wie du es mit dem Sägemehl getan hast! So kannst du wieder heimkommen.«

Spreu
→ Seite 255

Als nun das Mägdlein wieder nach Hause kam, sagte seine Mutter: »Kommt her, Grete und Anne! Wir wollen in den Wald gehen.« Das ältere Mägdlein, das um die Sache wohl wusste, auch Hilfe und Rat dazu gegeben hatte, zog ganz fröhlich, Grete hingegen ganz traurig hinaus. Und als sie in den Wald kamen, setzte sich die böse, arglistige, heimtückische Frau nieder und sagte zur Anne: »Komm her, Anne, und lause mich! Derweil geht Grete hin und sucht für jeden eine Bürde Holz; danach gehen wir wieder heim.«

Die arme Grete ging hin und suchte Holz und ehe sie wiederkam, waren ihre Mutter und Schwester hinweggegangen. Nun ging die gute Grete mit ihrem Holz der Spreu nach, bis sie wieder heimkam. Und als sie von ihrer Mutter gesehen wurde, sagte diese zur Anne: »Unsere dumme Gans kommt wieder. Nun wollen wir sehen, wie wir sie loswerden, und sollte es uns große Mühe kosten. Morgen wollen wir nochmals in den Wald; da wollen wir sehen, dass sie zurückbleibt.«

Diese Worte hatte das Mädchen abermals gehört und es ging zum dritten Mal zu seiner Taufpatin und fragte diese um Rat, was es tun sollte. »Nun wohlan, liebes Kind«, sagte die Frau, »so gehe hin, nimm Hanfsamen und streue den vor dich hin! Folge danach demselben nach Hause zurück!«

Hanfsamen **nüsschenartige kleine Früchte, auch Vogelfutter**

Das gute Mägdlein zog nochmals mit Mutter und Schwester in den Wald und streute Hanfsamen vor sich hin. Nun sagte die Mutter wiederum, wie sie schon zweimal getan hatte: »Anne, lause mich! Dann muss Grete Holz suchen.« Die arme Grete zog fort und suchte Holz und dachte bei sich: »Hab ich schon zweimal wieder heimgefunden, so will ich das dritte Mal auch wieder heimkommen.« Und als es das Holz gesucht und wieder an den

Ort kam, wo es seine Mutter verlassen hatte, waren sie abermals hinweggegangen. Und als das arme Mädchen seinen Weg heimgehen wollte, da hatten die Vögel den Samen allesamt aufgefressen. Ach Gott, wer war da trauriger als das arme Mägdlein! Den ganzen Tag lief es im Wald umher und weinte und schrie und klagte Gott sein Leid, es konnte keinen Weg finden, auf dem es aus dem Wald hätte herauskommen können. Auch war es so tief in den Wald hineingekommen wie wohl kaum ein Mensch zuvor.

Als es nun Abend wurde und das arme verlassene Mädchen an aller Hilfe verzweifelte, stieg es auf einen sehr hohen Baum, um Ausschau zu halten, ob nicht doch eine Stadt, ein Dorf oder Haus zu sehen wäre, wo es hingehen könnte, damit es nicht auf jämmerliche Weise den wilden Tieren zum Opfer fiele. Bei solchem Umsehen ergab es sich, dass sie eine kleine Rauchwolke erblickte. Sie stieg behänd vom Baum herab und ging auf die Rauchwolke zu, sodass sie in kurzer Zeit dahin kam, von wo der Rauch aufstieg. Das war ein kleines Häuschen, darinnen niemand wohnte als nur ein Erdkühlein.

Das Mädchen kam vor die Tür, klopfte an und begehrte eingelassen zu werden. Das Erdkühlein antwortete: »Ich lasse dich wahrlich nicht herein, du verheißest mir denn, dein Lebtag bei mir zu bleiben und mich niemals zu verraten.« Das versprach ihm das Mägdlein und alsbald wurde es von dem Erdkühlein eingelassen und das Erdkühlein sagte: »Wohlan, du brauchst nichts anderes zu tun, als mich des Abends und des Morgens zu melken. Danach, sobald du die Milch von mir getrunken hast, will ich dir Seide und Samt in Fülle zutragen: Mach dir davon schöne Kleider, so wie du sie begehrst. Sei aber dessen eingedenk und sieh zu, dass du mich keiner Menschenseele verrätst. Auch wenn deine eigene Schwester zu dir kommt, so lass sie nicht herein, damit nicht kundgetan wird, dass ich in dieser Einöde hause, sonst hätte ich das Leben verloren.« Nach diesen Worten ging das Erdkühlein auf seine Weide und brachte dem Madchen am Abend, als es heimkam, Seide und Samt, womit sich die gute Grete so schön kleidete, dass sie sich wohl einer Fürstin hätte vergleichen können.

Einöde **hier: Einsamkeit**

Nachdem sie nun bis ins andere Jahr hinein so beieinander geblieben waren, trug es sich zu, dass dem größeren Mädchen, welches daheimgeblieben war und das kleine Schwesterchen ohne alle eigene Schuld mit ins Elend hatte jagen müssen, der Gedanke kam, wie es wohl dem Schwesterlein gehen möge, das sie ins Elend hatte verjagen helfen. Darauf fing sie an kläglich zu weinen und über die große Untreue nachzudenken, die sie ihr ohne eigene Schuld zugefügt hatte. Endlich wurde ihre Reue so groß, dass sie nicht mehr zu Hause bleiben konnte, sondern sehen wollte, ob sie nicht doch irgendein Knöchlein von ihrer Schwester finden würde, auf dass sie dasselbe heimtragen und in Ehren halten könnte.

Und eines Tages ging sie morgens früh hinaus in den Wald und suchte nach ihrem Schwesterchen und trieb dieses Suchen mit kläglichem Weinen so lange, bis sie sich im Wald ganz und gar verirrt hatte und die finstere Nacht hereinbrach. Wer war da trauriger als Anne? Da spürte sie, dass sie solches wohl an ihrer Schwester verdient hatte, weinte kläglich, rief Gott an und bat um Gnade und Verzeihung. Doch zum Warten oder Klagen war da nicht viel Zeit und sie stieg alsbald auf einen hohen Baum, um Ausschau zu halten, ob sie nicht irgendein Haus sähe, in dem sie über Nacht bleiben könnte, damit sie nicht auf jämmerliche Weise von den wilden Tieren zerrissen würde. Und während sie sich so umsah, sah sie aus dem Häuslein, in dem ihre Schwester war, Rauch aufsteigen. Sie ging auf das Haus zu in keinem anderen Glauben, als dass es das Häuslein eines Hirten oder Einsiedlers sei.

Einsiedler **einzeln lebender Mönch**

Und als sie zu dem Haus kam, klopfte sie an, worauf sie bald von ihrer Schwester gefragt wurde, wer da sei. »Ei«, sprach Anne, »ich bin ein armes Mädchen, das sich im Walde verirrt hat, und bitte, dass man mich um Gottes Willen über Nacht hier behalte.« Grete sah durch einen Spalt hinaus und erkannte, dass es ihre untreue Schwester war. Darauf hub sie an zu sprechen: »Wahrhaftig, liebes Mädchen, ich darf dich nicht hereinlassen, denn es ist mir verboten. Denn, wenn mein Herr käme und ich einen Fremden eingelassen hätte, würde er mich schlagen. Darum ziehe weiter!« Das arme Mädchen wollte sich durch die Worte nicht vertreiben lassen, sondern bedrängte sein unerkanntes Schwesterchen mit vielen Bitten, dass es ihm die Tür auftat und es hereinließ.

hub an **fing an**

Und als es hineinkam, erkannte es seine Schwester, fing an heiße Tränen zu vergießen und Gott zu loben, dass es sie noch am Leben gefunden hatte, fiel nieder auf seine Knie und bat um Verzeihung für alles, was es ihr angetan hatte. Darauf bat sie freundlich, ihr doch zu sagen, bei wem sie lebe, da sie so schön und prächtig gekleidet sei. Das gute Gretlein, dem verboten war zu sagen, bei wem es lebte, ersann alle möglichen Ausreden. Einmal sagte es, es lebe bei einem Wolf, das andere Mal, bei einem Bären.

Alles dies jedoch wollte Anne nicht glauben, sondern sie redete ihrem Schwesterchen schmeichlerisch zu, ihr die Wahrheit zu sagen. Und das Mädchen redete schließlich alles heraus und sagte zu seiner Schwester: »Ich bin bei einem Erdkühlein. Aber sieh zu, verrate mich nicht!«

Als Anne, die ihrer Schwester noch nicht genügend Treulosigkeit bewiesen hatte, dies hörte, sagte sie: »Wohlan, führe mich wieder auf den rechten Weg, dass ich heimkomme.« Das tat Grete bald. Und als Anne zu Hause war, erzählte sie ihrer Mutter, wie sie ihre Schwester bei einem Erdkühlein gefunden hätte und wie diese so prächtig gekleidet ginge. »Nun denn«, sprach die Mutter, »so wollen wir bald hinausziehen und das Erdkühlein und Gretlein heimführen. So wollen wir das Kühlein schlachten und essen.«

Alles dies wusste das Erdkühlein wohl, und als es des Abends spät heimkam, sprach es weinend zu dem Mädchen: »Ach, mein allerliebstes Gretlein, was hast du getan, dass du deine falsche Schwester eingelassen und ihr gesagt hast, bei wem du bist? Du wirst sehen, deine heimtückische Mutter und Schwester werden bald herkommen und dich holen. Mich werden sie schlachten und essen, dich aber bei sich behalten, und dir wird es schlechter ergehen als zuvor.«

Nach diesen kummervollen Worten fing das Mädchen an zu weinen und glaubte vor Traurigkeit fast sterben zu müssen und es gereute sie sehr, dass sie ihre Schwester eingelassen hatte. Doch das Erdkühlein tröstete sie und sprach: »Nun, liebes Kind, weil es nun einmal geschehen ist, kann es nicht wieder rückgängig gemacht werden. Darum tu, wie ich dir sage: Sobald mich der Metzger geschlachtet hat, so steh da und weine. Wenn er dich dann fragt, was du wolltest, so sprich: Ich möchte gerne meines Kühleins Schwanz. Den wird er dir geben. Wenn du den hast, so fang wiederum an zu weinen und verlange eines meiner Hörner! Wenn du auch dieses hast, so weine abermals! Wenn man dich fragt, was du wolltest, so sprich: Ich möchte gerne meines Kühleins Schuh. Wenn du den hast, so geh hin und setze den Schwanz auf die Erde, auf den Schwanz das Horn, und auf das Horn setze den Schuh und gehe nicht wieder dorthin bis zum dritten Tag. Und am dritten Tag wird ein Baum daraus geworden sein; dieser wird Sommer und Winter die schönsten Äpfel tragen, die man jemals gesehen hat. Und niemand wird sie pflücken können als du allein und durch diesen Baum wirst du zu einer großen und mächtigen Herrin werden.«

des Kühleins Schuh **hier: des Kühleins Huf**

Als man nun das Kühlein schlachtete, stand Margarete da und begehrte all diese Dinge, wie es ihm sein Kühlein befohlen hatte, und sie wurden ihm auch gegeben. Und es ging hin und steckte sie in die Erde und am dritten Tag war ein schöner Baum daraus gewachsen.

Nun begab es sich einmal, dass ein mächtiger Herr vorbeiritt; dieser führte seinen Sohn mit sich, der das Fieber hatte. Und als der Sohn die schönen Äpfel sah, sprach er: »Mein Herr Vater, lasset mir Äpfel bringen von diesem Baum! Mir ist, ich würde gesund davon werden.« So befahl der Herr, man sollte ihm Äpfel bringen, er wollte sie teuer genug bezahlen.

Die ältere Tochter ging als erste zum Baum und wollte Äpfel davon brechen. Da zogen sich die Äste allesamt in die Höhe, sodass sie keinen erreichen konnte. Nun rief sie die Mutter und sprach, sie solle Äpfel abbrechen und sie dem Herrn geben. Als aber die böse Frau Äpfel abbrechen wollte, zogen sich die Äste noch viel höher hinauf. Der Herr hatte dies wohl gesehen und verwunderte sich sehr.

Und zuletzt ging Margarete zum Baum, um Äpfel zu brechen. Zu ihr neigten sich die Äste und ließen sie willig Äpfel abbrechen. Das verwunderte den Herrn noch viel mehr und er meinte, sie sei vielleicht eine heilige Frau, rief sie zu sich und fragte nach dem wunderbaren Geschehen. Diesem erzählte das gute Mädchen die ganze Geschichte von Anfang bis zum Ende, was sich mit ihrer Mutter, ihrer Schwester und dem Erdkühlein zugetragen hatte.

Als der Herr dies alles gehört hatte, fragte er die Jungfrau, ob sie ihm folgen wolle. Da willigte das gute Mädchen freudig ein, grub ihren Baum aus und setzte sich zusammen mit ihrem Vater auf den Wagen zu dem Herrn. Von diesem wurden sie sehr freundlich begrüßt; dann fuhren sie hinweg und ließen ihre böse Mutter und Schwester zurück.

Das Binsenkittelchen

Märchen aus England

Es war einmal ein König und eine Königin, viele hat es schon gegeben, aber solche haben wir wenige gesehen, und wenige werden wir sehen. Jedoch die Königin starb und ließ ein munteres, hübsches Mädchen zurück, dem sie auf ihrem Sterbebett sagte: »Mein Kind, wenn ich nicht mehr bei dir bin, so wird ein kleines, rotes Kälbchen zu dir kommen und wenn immer du etwas wünschest, so sag es ihm und es wird dir den Wunsch erfüllen.«

Nun, nach einiger Zeit heiratete der König wieder. Es war ein böses Weib, das selbst drei hässliche Töchter hatte. Sie hassten des Königs Tochter, da sie so hübsch und gut war. Daher nahmen sie ihr alle feinen Kleider weg und gaben ihr nur einen aus Binsen geflochtenen Kittel. Von nun an hieß sie nur noch »Binsenkittelchen« und musste im hintersten Küchenwinkel sitzen, mitten in der Asche. Zum Essen sandte ihr die tückische Stiefmutter ein Schlückchen Brühe, ein Körnchen Gerste, ein Fädchen Fleisch und ein Krümelchen Brot. Aber nachdem sie dies alles gegessen hatte, war sie genauso hungrig wie zuvor und sprach zu sich selbst: »Oh, wie sehnlich wünsche ich mir etwas zu essen!« Gerade in diesem Moment kam niemand anders als das kleine, rote Kälbchen zur Türe herein und sagte: »Lege deinen Finger in mein linkes Ohr!« Das tat sie und fand ein Stück wunderbares Brot darin. Noch einmal sprach das Kälbchen zu ihr, sie solle ihren Finger in sein rechtes Ohr legen und siehe da, dort fand sie ein Stück Käse; und aus Käse und Brot bereitete sie eine gute Mahlzeit.

Binsen → Seite 255
Kittel grobe Arbeitskleidung

Nun, des Königs neue Gemahlin dachte, dass Binsenkittelchen mit so kärglicher Nahrung bald sterben müsse, wie erstaunt war sie, Binsenkittelchen so lebendig und so gesund wie immer zu sehen! Deshalb ließ sie eine ihrer hässlichen Töchter bei den Mahlzeiten Wache halten, damit sie herausfände, was Binsenkittelchen am Leben erhielte. Die Tochter bemerkte bald, dass das rote Kalb ihm die Nahrung spendete, und erzählte dies der Mutter.

So ging die Mutter zum König und sagte ihm, dass es sie nach dem Bries des roten Kälbchens gelüste und sie es essen wolle. Sogleich schickte der König nach seinem Metzger und ließ das kleine rote Kälbchen schlachten. Und als das Binsenkittelchen davon hörte, setzte es sich nieder und weinte an seiner Seite bitterlich. Da aber sprach das tote Kälbchen:

Bries **Brustdrüse des Kalbs (gebacken als wohlschmeckende Speise)**

Sammel ein, Bein für Bein,
und leg mich unter diesen grauen Stein
und was du brauchst noch mehr,
sag es mir, ich es dir gewähr'!

Bein **Gebein, Knochen**

Das tat es, aber es konnte den Schenkelknochen des Kälbchens nicht finden.

Nun war gerade Weihnachtszeit und alle Leute gingen in ihren prächtigen Kleidern zur Kirche und so sagte Binsenkittelchen: »Oh, wie gerne würde auch ich zur Kirche gehen!« Aber die hässlichen Schwestern erwiderten: »Was willst du garstiges Ding in der Kirche? Du musst zu Hause bleiben und das Essen zubereiten!« Und die Stiefmutter befahl: »Mit einem Löffelchen Wasser, einem Körnchen Gerste und einem Krümelchen Brot sollst du die Suppe zubereiten!«

Als sie alle zur Kirche gegangen waren, setzte sich Binsenkittelchen hin und weinte, aber als es aufblickte, wen sah es da hereinhumpeln? (denn es fehlte ihm ein Knöchelchen!) Es war niemand anders als das liebe rote Kälbchen und dieses sprach zum Binsenkittelchen: »Sitz' hier nicht und weine! Geh' und lege diese Kleider an und vor allem vergesse diese Glaspantöffelchen nicht! Und nun mache dich auf zur Kirche!« – »Aber was wird mit dem Essen werden?« – »Darüber sollst du dir keine Sorgen machen«, sagte das rote Kälbchen, »du musst nur zum Feuer sagen:

Jedes Torfstück muss das Feuer bringen,
jeder Spieß lässt den andren schwingen,
jeder Topf lässt den andren singen,
bis die Kirche aus,
und ich am Weihnachtstag zuhaus'!

Und nun schnell in die Kirche mit dir! Aber denke daran, als erste zu Hause zu sein!«

So sprach Binsenkittelchen den Zaubervers, ging zur Kirche und war dort die vornehmste und schönste Dame. Es war auch ein Prinz in der Kirche, der in großer Liebe zu ihm entbrannte. Aber es schlüpfte vor dem Ende des Gottesdienstes zur Kirchentür hinaus und war vor den anderen zu Hause, es hatte seine schönen Kleider abgelegt und sein Binsenkittelchen angezogen, sah, dass das Kälbchen den Tisch gedeckt und alles fertig zubereitet hatte, sodass alles in guter Ordnung war, als die übrige Familie nach Hause zurückkehrte. Die drei Schwestern sagten zu Binsenkittelchen: »Oh, wenn du nur heute die schöne, vornehme Dame in der Kirche gesehen hättest, in die sich der Prinz verliebt hat!«

»Oh, ich wünschte, ihr ließet mich morgen auch mit in die Kirche gehen!«, sagte Binsenkittelchen, denn sie besuchten in der Weihnachtszeit immer an drei aufeinanderfolgenden Tagen den Gottesdienst. »Was willst du, garstiges Ding, in der Kirche tun? Der Küchenwinkel ist gut genug für dich!«, erwiderten die Stiefschwestern.

Am nächsten Tag gingen alle zur Kirche. Binsenkittelchen allein blieb zurück, um aus einem Löffelchen Wasser, einem Körnchen Gerste, einem Krümelchen Brot und einem Fädchen Fleisch das Essen zuzubereiten. Aber das rote Kälbchen kam ihm wieder zu Hilfe, gab ihm noch prächtigere Kleider wie zuvor und es ging in die Kirche und alle Leute schauten sich nach ihm um und fragten sich, woher eine so vornehme Dame wohl kommen möge. Der Prinz fasste eine noch größere Liebe zu ihr und versuchte herauszufinden, wo sie hinginge. Aber sie entschlüpfte ihm und kam lange vor den anderen nach Hause und das rote Kälbchen hatte alles schon fertig zubereitet.

Am nächsten Tag kleidete das Kälbchen sie in noch prächtigere Gewänder und sie ging noch einmal zur Kirche. Und wieder war der junge Prinz da, jedoch dieses Mal stellte er eine Wache an der Tür auf, um sie festzuhalten, aber sie schwang sich mit einem Riesensprung über ihre Köpfe hinweg und dabei verlor sie eines ihrer Glaspantöffelchen. Sie wartete nicht, um es aufzuheben, das könnt ihr euch vorstellen, sondern sie rannte, so schnell sie konnte, nach Hause, legte das Binsenkittelchen an und das Kälbchen hatte alles schon fertig zubereitet.

Gleich am nächsten Tag ließ der junge Prinz im ganzen Königreich verkünden, dass er diejenige zur Frau nehme, der das Glaspantöffelchen passe. Und alle Damen des Hofes kamen und probierten und probierten immer wieder den Schuh, jedoch er war zu klein! Dann befahl er einem seiner Boten mit seinem schnellsten Ross im ganzen Königreich nach der Besitzerin des Glaspantöffelchens zu suchen. Dieser ritt und ritt, von Stadt zu Stadt, von Burg zu Burg, und alle Frauen des Landes mussten den Schuh anprobieren. Manch eine versuchte, ihn anzuziehen, denn sie wollten alle des Prinzen Braut werden! Aber nein, es wollte nicht gehen, und manch eine weinte, das schwöre ich! – , da sie das hübsche Glaspantöffelchen nicht anziehen konnte.

Der Bote ritt und ritt, immer weiter und weiter, bis er endlich zu dem Schloss kam, wo die drei hässlichen Schwestern wohnten. Die ersten beiden probierten es und es gelang nicht, da hackte die böse Stiefmutter in wahnsinnigem Zorn der dritten Tochter Zehen und Fersen ab. Nun konnte diese das Glaspantöffelchen anziehen und der Prinz musste sie wohl oder übel heiraten, denn er musste sein Versprechen halten. Der hässlichen Schwester wurden die schönsten Kleider angelegt, man setzte sie hinter dem Prinzen aufs Pferd und fort ging's in großer Pracht! Aber wie wir alle wissen: Hochmut kommt vor dem Fall! Als sie so dahinritten, sang plötzlich ein Rabe im Gebüsch:

Abgehackter Fers' und blut'ger Zeh,
hinter dem Prinzen reitet,
doch Schön-Füßchen und Klein-Füßchen, oh weh,
hinter dem Kessel leidet.

Kessel **Kochtopf auf offenem Herd**

»Was singt das Vögelchen da?«, fragte der junge Prinz.

»Garstiger Lügenvogel!«, rief die Stiefschwester, »beachte gar nicht, was er sagt!« Aber in diesem Moment schaute der Prinz zu Boden und sah, wie aus ihren Schuhen Blut tropfte. Er ritt sofort zurück und hieß sie absteigen. Es muss hier noch jemand sein, der das Pantöffelchen noch nicht probiert hat!«, rief der Prinz. »Nein, bestimmt nicht, hier ist niemand anderes mehr außer einem schmutzigen Ding, das im hintersten Küchenwinkel sitzt und ein ärmliches Binsenkittelchen trägt.« Der Prinz jedoch war entschlossen, den Schuh auch an Binsenkittelchen zu sehen, dieses aber rannte weg, hin zum grauen Stein, wo das rote Kälbchen es empfing und es mit dem prächtigsten Gewand ausstattete. Binsenkittelchen ging zum Prinzen und das Pantöffelchen hüpfte aus seiner Tasche geradewegs an seinen Fuß und passte ohne Schneiden und Schnippeln! Noch am gleichen Tag hielten sie Hochzeit und lebten glücklich bis an ihr Ende.

Gustav Doré, Die Schuhprobe. Aus: »Aschenputtel und die gläsernen Schuhe« von Charles Perrault

Die schöne Rhodopis

Märchen aus der Antike

Memphis
→ Seite 255

Rhodopis war ein besonders reizvolles Mädchen, das im fernen Ägypten lebte. Als sie einstmals badete und schon aller Kleider entledigt, ins Wasser gestiegen war, da stürzte sich plötzlich ein Adler vom Himmel herab, erfasste mit seinen Krallen einen ihrer Schuhe und trug ihn mit sich hoch in den Lüften fort. Er flog mit dieser leichten Beute weit weg bis nach Memphis, wo gerade der mächtige König Psammetichos saß, um Gericht zu halten. Ihm ließ der Adler den feingefügten Schuh in den Schoß fallen. Psammetichos war über dieses wunderbare Ereignis über alle Maßen erstaunt. Er betrachtete den feinen Schuh, die niedliche Form, in der er gearbeitet war, und musste unaufhörlich an diejenige denken, die wohl dieses hübsche Schuhwerk an ihrem Fuß getragen hatte. Ihre Schönheit und ihren Reiz malte er sich in Gedanken aus und voller Verliebtheit in die schöne Unbekannte sandte er Boten in sein ganzes Reich aus, um die Besitzerin des Schuhes zu finden. Nach langem Suchen hatten sie endlich Erfolg und fanden die reizende Rhodopis. Sogleich führten sie sie zu ihrem König, der Rhodopis zu seiner Gemahlin machte.

Pharao Tutenchamun mit seiner Gattin Anchesenamun

Aschenhans und die silbernen Enten

Märchen aus Norwegen

Es war einmal ein armer Mann, der hatte drei Söhne. Als er gestorben war, zogen die beiden ältesten Söhne hinaus in die Welt, um ihr Glück zu versuchen, den jüngsten wollten sie aber nicht mitnehmen. »Ach du«, sagten sie , »kannst ja nichts anders als am Feuer sitzen und in der Asche stochern.«

»Dann geh' ich eben allein«, sagte Aschenhans.

Die Brüder kamen zum Hofe des Königs und fragten, ob er Arbeit für sie habe. Der König nahm sie beide in seinen Dienst. Der eine sollte dem Stallmeister helfen, der andere dem Gärtner. Aschenhans zog auch von dannen und nahm den großen Backtrog mit, der das einzige war, was die Brüder von den Eltern geerbt hatten. Die andern hatten ihn nicht haben wollen, aber Aschenhans hatte keine Lust ihn zurückzulassen, obgleich der Trog schwer zu tragen war. Als er eine Weile gegangen war, kam auch er zum Hofe des Königs und bot seine Dienste an. Man antwortete, dass man ihn nicht gebrauchen könne, er bat aber so flehentlich, dass man ihm schließlich erlaubte, in der Küche zu sein und für die Küchenmagd Holz und Wasser zu tragen. Er war willig und fleißig und es dauerte nicht lange, bis alle ihn liebgewannen. Die Brüder aber waren faul, ernteten Schläge und wenig Lohn und waren neidisch auf Aschenhans, weil es ihm so viel besser erging als ihnen selbst.

Gegenüber dem Hofe des Königs, auf der andern Seite eines großen Sees, wohnte ein Troll, der hatte sieben silberne Enten, die auf dem See herumschwammen, so-

Troll
→ Seite 255

dass man sie vom Königshof sehen konnte. Der König hatte sich oft diese Enten gewünscht und eines Tages sagten die Brüder zum Stallmeister: »Wenn unser Bruder es will, kann er dem König die Enten holen, das hat er uns selber erzählt.« Und es dauerte nicht lange, bis der Stallmeister es dem König weitersagte. Da rief der König Aschenhans zu sich und sagte: »Deine Brüder erzählen, dass du mir die silbernen Enten holen kannst, und nun sollst du's tun.«

»Das hab' ich weder gedacht noch gesagt«, sagte der Knabe. Aber der König beharrte: »Du hast es gesagt und du sollst es tun.«

»Nun gut«, sagte der Knabe, »wenn's nun mal nicht anders sein kann, dann gib mir ein Viertel Roggen und ein Viertel Weizen, und ich werd's versuchen.« Das bekam er und er legte es in den Backtrog, den er von zu Hause mitgebracht hatte und ruderte in ihm über den See.

Als er auf der andern Seite angekommen war, ging er gemächlich am Ufer entlang und streute die Körner aus, und schließlich lockte er die Enten in den Trog und ruderte zurück, so schnell er nur konnte.

Als er in der Mitte des Sees war, kam der Troll heraus und sah ihn. »Hast du mir meine silbernen Enten weggenommen?«, brüllte er. »Jawohl«, rief der Knabe. »Kommst du wieder?«, fragte der Troll. »Vielleicht«, rief der Knabe.

Als er mit den sieben silbernen Enten zum König zurückkam, gewann man ihn am Hofe des König noch lieber als vorher, und der König zollte ihm großes Lob. Die Brüder wurden aber noch neidischer auf ihn und sagten zum Stallmeister, nun habe ihr Bruder sich erboten, dem König die Bettdecke des Trolls zu holen, die goldene und

Lob zollen loben, Lob austeilen

silberne Würfel habe. Und auch diesmal dauerte es nicht lange, bis der Stallmeister es dem König weitersagte. Nun sagte der König zum Knaben, seine Brüder hätten erzählt, dass er sich erboten habe, die Bettdecke des Trolls zu holen, die goldene und silberne Würfel habe, und nun solle er's tun, wenn ihm sein Leben lieb sei. Aschenhans antwortete, dies habe er weder gedacht noch gesagt, aber da dies nichts half, bat er, die Sache drei Tage bedenken zu dürfen.

Als sie vorbei waren, ruderte er im Backtrog über den See und ging am Ufer auf und ab und grübelte. Plötzlich sah er, dass das Bergvolk die Bettdecke zum Lüften heraushängte, und als es wieder im Berg verschwunden war, ergriff Aschenhans die Decke und ruderte zurück, so schnell er vermochte. Als er in der Mitte des Sees war, kam der Troll heraus und sah ihn. »Hast du meine silbernen Enten geholt?«, brüllte der Troll. »Jawohl«, rief der Knabe. »Hast du nun auch meine Bettdecke mit den goldenen und silbernen Würfeln genommen?« – »Jawohl«, rief der Knabe. »Kommst du noch öfter?« »Vielleicht«, rief der Knabe.

Als er mit der Bettdecke mit den goldenen und silbernen Würfeln zurückkam, schlossen ihn alle noch mehr ins Herz, und der König machte ihn zu seinem eigenen Diener. Darüber ärgerten sich die Brüder noch mehr und um sich zu rächen, sagten sie zum Stallmeister: »Nun hat unser Bruder gesagt, er könne dem König die goldene Harfe des Trolls holen, die so klingt, dass jeder froh wird, der sie hört, und sei er auch noch so traurig gewesen.« Ja, und das erzählte der Stallmeister dem König, und dieser sagte zum Knaben: «Hast du es gesagt, so sollst du es tun.

Harfe Saiteninstrument

Gelingt es dir, sei die Prinzessin und das halbe Königreich dein Lohn. Gelingt es dir nicht, sollst du es mit dem Leben büßen.«

»Das hab' ich weder gedacht noch gesagt«, antwortete Aschenhans, »aber wenn es nicht anders geht, muss ich es eben versuchen. Sechs Tage muss ich es aber bedenken.« Ja, die sollte er bekommen, aber als sie zu Ende waren, musste er von dannen.

Er steckte einen Nagel, einen Birkenzweig und ein Kerzenstümpfchen in die Tasche, ruderte über den See und ging langsam am Ufer auf und ab. Nach einer Weile kam der Troll heraus und sah ihn. »Bist du's, der meine silbernen Enten geholt hat?«, fragte er. »Jawohl«, sagte der Knabe. »Und hast du auch meine Bettdecke mit den goldenen und silbernen Würfeln genommen?«, rief der Troll. »Jawohl«, sagte der Knabe. Da ergriff ihn der Troll und nahm ihn mit in den Berg.

»Hör«, sagte er zu seiner Tochter, »nun hab' ich ihn, der meine silbernen Enten geholt hat und meine Bettdecke mit den goldenen und silbernen Würfeln. Sperr' ihn in den Stall und mäste ihn. Wenn er fett genug ist, wollen wir ihn schlachten und unsere Freunde zum Fest einladen.« Dazu war sie gern bereit, sperrte ihn in den Stall und gab ihm acht Tage lang das Beste zu essen und zu trinken, was er nur wünschen konnte, und von allem so viel, wie er wollte. Als die acht Tage vorüber waren, sagte der Troll zur Tochter, sie solle zum Stall gehen und ihm den kleinen Finger abschneiden, damit sie sehen könnten, ob er fett genug sei.

Sie ging hinunter und sagte: »Reich' mir deinen kleinen Finger.« Aschenhans reichte aber den Nagel heraus und in den schnitt sie. »Ach nein, der ist noch so hart wie Eisen«, sagte die Tochter des Trolls, als sie zum Vater zurückkam. »Den kann man jetzt noch nicht schlachten.«

Nach acht Tagen ging es ebenso, bloß dass Aschenhans den Birkenzweig heraussteckte. »Ein bisschen besser ist er ja«, sagte sie, als sie zum Troll kam, »aber er ist noch immer so hart wie Holz.«

Als wieder acht Tage vergangen waren, schickte der Troll abermals seine Tochter herunter, um zu sehen, ob er nun fett genug sei. »Komm' mit deinem kleinen Finger«, sagte sie, und diesmal reichte Aschenhans ihr das Kerzenstümpfchen. »So einigermaßen,« sagte sie. »Nun gut«, sagte der Troll, »dann gehe ich fort und hole die Gäste. In der Zwischenzeit kannst du ihn schlachten. Brate die eine Hälfte und koche die andere.«

Als der Troll sich auf den Weg gemacht hatte, fing die Tochter an, ein großes langes Messer zu wetzen. »Wirst du mich mit dem schlachten?«, fragte der Knabe. »Ja, eben«, sagte die Tochter des Trolls. »Es ist aber nicht scharf genug«, sagte der Knabe, »ich kann es dir wetzen, dann ist es viel leichter für dich, mich zu töten.«

Sie gab ihm das Messer und er begann, es zu schleifen. »Lass' es mich an deinem Zopf versuchen«, sagte der Knabe, »ich glaube, es ist jetzt scharf genug.« Das erlaubte sie ihm, aber als er den Zopf ergriff, bog er ihren Kopf zurück, schnitt ihn ab, kochte die eine Hälfte und briet die andere und stellte ihn auf den Tisch. Dann zog er ihre Kleider an und setzte sich in die Ecke.

Als der Troll mit den Gästen heimkam, dachte er, es sei seine Tochter, die dort säße, und er bat sie, zu Tisch zu kommen und mitzuessen. »Nein«, sagte der Knabe, »ich will nichts essen, ich bin schlechter Laune.« – »Nun, du weißt ja, was da zu tun ist«, sagte der Troll, »hol deine Goldharfe und spiele auf ihr.« – »Wo ist sie nur hin?«, fragte Aschenhans. »Das weißt du wohl selbst am besten, du hast sie ja selbst zuletzt benutzt, dort hängt sie über der Tür«, sagte der Troll. Das ließ sich der Knabe nicht zweimal sagen. Er ergriff die Harfe und ging auf und ab, während er spielte. Und plötzlich schob er seinen Backtrog hinaus auf den See und ruderte so rasch von dannen, dass das Wasser um den Trog herumspritzte.

Nach einer Weile fand der Troll, dass seine Tochter gar zu lange wegbliebe, und er ging hinaus, um nach ihr zu sehen. Da sah er den Knaben im Backtrog, weit, weit draußen in der Mitte des Sees. »Bist du es, der meine silbernen Enten geholt hat?«, brüllte der Troll. »Ja«, rief Aschenhans. »Bist du' s auch, der meine Bettdecke mit den goldenen und silbernen Würfeln genommen hat?« – »Ja«, rief Aschenhans. »Hast du nun auch die goldene Harfe gestohlen?«, schrie der Troll. »Ja, das hab' ich«, rief der Knabe. »Hab' ich dich denn nicht aufgegessen?« – »Nein, das war deine Tochter«, sagte der Knabe.

Als der Troll das hörte, wurde er so zornig, dass er zerplatzte. Aschenhans aber ruderte noch mal zurück und nahm so viel Gold und Silber mit sich nach Hause, wie sein Backtrog fassen konnte. Als er mit der Goldharfe zum Hofe des Königs kam, bekam er die Prinzessin und das halbe Königreich, wie es der König versprochen. Seinen Brüdern aber tat er nur Gutes, denn er glaubte, sie hatten mit dem, was sie gesagt, nur sein Bestes gewollt.

Der Ritt auf den Glasberg

Märchen aus Deutschland, Mecklenburg

Es war einmal ein Bauer, der hatte drei Söhne. Der älteste hieß Fritz und der zweite, der hieß Johann, und der dritte und jüngste, der hieß Krischan. Der Krischan aber, der war etwas langsam und deshalb hielten ihn der Vater und die Brüder immer für einen Dummling.

Als nun der Bauer auf dem Sterbebett lag, da ließ er seine drei Söhne kommen; und er sprach zu ihnen: »Wenn ich nun tot bin, dann stellt meinen Sarg geöffnet in die Kirche. Ein jeder von euch soll eine Nacht bei mir wachen, zuerst Fritz und dann Johann und als letzter Krischan.« Als nun der Bauer tot war, stellten seine Söhne den Sarg geöffnet in die Kirche. Da nun die erste Nacht herankam und die Reihe an Fritz war, ging Fritz zu Krischan, gab ihm gute Worte und sprach: »Du Krischan, mir graut so vor Vater, geh du an meiner Stelle zur Kirche.« Und so ging Krischan zur Kirche und um Mitternacht erhob sich der tote Vater im Sarg und fragte: »Bist du's, mein Sohn Fritz?«

»Nein, Vater, hier ist Krischan, Fritz hatte Angst vor dir.« Da gab ihm der Vater eine schwarze Flöte und sprach: »Wenn die Morgensonne scheint, Krischan, geh hinaus auf den Kirchhof und blase auf beiden Enden der Flöte.«

Dann legte sich der Vater wieder im Sarg hin und schlief. Als die Morgensonne schien, da ging Krischan hinaus auf den Kirchhof und er blies am oberen Ende der Flöte und da kam ein Rappe geritten, der hatte ein Bündel der allerschönsten Kleider bei sich. Krischan ritt die kreuz

Rappe schwarzes Pferd

und die quer, dann blies er am unteren Ende und der Rappe versank im Boden. Krischan versteckte die Flöte in der Kirchhofmauer, ging heim und erzählte nichts von seinem Erlebnis.

Am zweiten Abend, als die Reihe an Johann war, ging auch Johann zu Krischan, gab ihm gute Worte und sprach: »Du Krischan, mir graut so vor Vater, geh du an meiner Stelle zur Kirche.« Und so ging Krischan zur Kirche. Um Mitternacht erhob sich wiederum der tote Vater im Sarg und fragte »Bist du's, mein Sohn Johann?«

»Nein Vater, hier ist Krischan, Johann hatte Angst vor dir.« Da gab ihm dieses Mal der Vater eine rote Flöte und sprach wieder: »Wenn die Morgensonne scheint, Krischan, geh hinaus auf den Kirchhof und blase auf beiden Enden der Flöte.«

Dann legte sich der Vater wieder im Sarg hin und schlief. Als die Morgensonne schien, da ging Krischan auf den Kirchhof, und er blies am oberen Ende der Flöte, und dieses Mal kam ein Fuchshengst geritten, der hatte noch schönere Kleider dabei wie der Rappe. Wieder ritt Krischan die kreuz und die quer, dann blies er am unteren Ende und der Fuchshengst versank im Boden. Krischan versteckte die Flöte in der Kirchhofmauer, ging heim und erzählte nichts von seinem Erlebnis.

Fuchshengst rötlich-braunes Pferd

Am dritten Abend, da war ja die Reihe an ihm selbst, und er ging ganz ruhig zur Kirche. Und wieder erhob sich der tote Vater um Mitternacht im Sarg und fragte: »Bist du's, mein Sohn Krischan?«

»Ja, Vater, hier ist Krischan.« Da gab ihm dieses Mal der Vater eine weiße Flöte und sprach: »Wenn die Morgensonne scheint, Krischan, geh hinaus auf den Kirchhof und blase auf beiden Enden der Flöte und von nun an braucht keiner mehr bei mir zu wachen.«

Als die Morgensonne schien, da ging Krischan hinaus auf den Kirchhof und er blies am oberen Ende der Flöte und dieses Mal, da kam ein Schimmel geritten, dessen Zaumzeug war von Gold und von Silber, und er hatte ein Bündel der aller-, allerschönsten Kleider bei sich. Und wieder ritt Krischan die kreuz und die quer, dann blies er am unteren Ende und der Schimmel versank im Boden. Krischan versteckte die Flöte in der Kirchhofmauer, ging heim und erzählte nichts von seinem Erlebnis.

Schimmel weißes Pferd

Als nun die drei Nächte vorübergegangen waren, da wurden die Brüder recht hässlich zu Krischan. Zu essen bekam er beinahe überhaupt nichts, dafür umso mehr Prügel.

Da ging zu dieser Zeit eine Kunde durch das Land: Der König ließ bekannt machen, wer seine Tochter zur Frau wolle, der müsse bis zur Spitze des Glasberges reiten, und dort würde die Prinzessin sitzen. Wer ihr den goldenen Apfel und das seidene Tuch aus der Hand nehmen könne, der würde sie zur Frau bekommen. Als nun der Morgen herankam, an dem die Freier zum Glasberg reiten sollten, da machten sich auch die beiden älteren Brüder, der Fritz und der Johann bereit. Krischan bat, sie sollten ihn doch auch mitnehmen, aber sie lachten ihn nur aus, banden ihm die Wollstrümpfe an den Holzpantoffeln fest und gingen lachend davon. Als nun Krischan allein war, da schlüpfte er aus den Strümpfen samt den Pantoffeln, ging barfuß zum Brunnen und wusch sich. Dann ging er zum Kirchhof und flötete sich den Rappen herbei. Als er zum Glasberg geritten kam, da war er so

Freier jemand, der um eine Frau wirbt; heiraten will

schön, dass ihn niemand erkannte, auch die beiden Brüder nicht. Und er ritt bis zum ersten Drittel des Glasberges und das Volk jubelte ihm zu, denn so weit war keiner der anderen Freier geritten. Unter dem Jubel des Volkes ritt Krischan zurück und als die beiden Brüder nach Hause kamen, da saß der Krischan in all seinen Lumpen und all seinem Schmutz auf der Ofenbank. Die Brüder waren ganz voll von Erzählen, von dem schönen Ritter, der so weit gekommen sei und wie prächtig er ausgesehen habe. Und sie rieten hin und sie rieten her, wer der schöne Ritter wohl gewesen sei. Als sie lange genug geraten hatten, da sprach Krischan: »Ihr habt's gesehen und ich, ich bin's gewesen.« Da wurden die beiden Bruder so zornig, sie verprügelten den Krischan und warfen ihn aus der Wohnstube hinaus.

Am nächsten Morgen gingen die Brüder fort. Und wieder ging Krischan, als er allein war, zum Brunnen, wusch sich, ging zum Kirchhof und flötete sich diesmal den Fuchshengst herbei. Als er zum Glasberg geritten kam, da jubelte ihm alles zu, und unter dem Jubel des Volkes kam er beinahe bis zur Spitze des Glasberges. Und das Volk jubelte ihm noch mehr zu, denn so weit war keiner der anderen Freier gekommen. Unter dem Jubel des Volkes ritt Krischan zurück und als die Brüder nach Hause kamen, da saß der Krischan in all seinen Lumpen und all seinem Schmutz auf der Ofenbank. Die Brüder waren ganz voll von Erzählen, von dem schönen Ritter, der so weit gekommen sei. Und sie rieten hin und sie rieten her, wer der Ritter wohl gewesen sei. Als sie lange genug geraten hatten, das sprach der Krischan wieder: »Ihr habt's gesehen und ich bin's gewesen.« Da wurden die beiden noch zorniger, sie verprügelten den Krischan noch mehr und warfen ihn wieder aus der Wohnstube hinaus.

Am dritten Morgen gingen die Brüder fort. Und wieder ging Krischan, als er allein war, zum Brunnen, wusch sich, ging zum Kirchhof und flötete sich diesmal den Schimmel herbei. Als er nun zum Glasberg geritten kam, da war er so schön, dass er sogar einen Schein von sich gab. Und unter dem Jubel des Volkes ritt Krischan bis zur Spitze des Glasberges und nahm dort der Prinzessin den goldenen Apfel und das seidene Tuch aus der Hand. Unter dem Jubel des Volkes ritt Krischan zurück. Aber dieses Mal, als er am unteren Ende geflötet hatte und der Schimmel im Boden versunken war, da versteckte er die drei Flöten bei sich. Den goldenen Apfel aber und das seidene Tuch, die versteckte er auf seiner Brust unter all den Lumpen.

Als die Brüder nach Hause kamen, da saß der Krischan wiederum in all seinen Lumpen und all seinem Schmutz auf der Ofenbank. Die Brüder, die waren dieses Mal ganz voll von Erzählen, von dem schönen Ritter, der so schön gewesen und der bis zur Spitze des Berges geritten sei und der Prinzessin den Apfel und das Tuch aus der Hand genommen habe und sie jetzt zur Frau bekommen würde. Und sie rieten hin und sie rieten her, wer der schöne Ritter wohl gewesen sei. Als sie lange, lange genug geraten hatten, da sprach der Krischan wieder: »Ihr habt's gesehen und ich bin's gewesen.« Da wurden die beiden sehr zornig. Sie prügelten den Krischan halb tot und warfen ihn aus der Wohnstube. Von nun an durfte er überhaupt nicht mehr in die Stube kommen und musste immer im Stall bleiben.

Der König aber, der wollte es gewiss wissen, wer der schöne Ritter gewesen sei, der seiner Tochter den Apfel und das Tuch genommen habe. Und er sandte seine Boten aus im ganzen Reiche; so kamen die Boten auch zum Hofe der drei Brüder. Der Fritz und der Johann konnten natürlich den Apfel und das Tuch nicht zeigen. Da bemerkte einer der Boten, dass im Stall ja noch einer sei. »Ach«, lachten die beiden älteren, »zu dem Dummling braucht ihr überhaupt nicht zu gehen, zu dem schmutzigen.« Aber die Boten gingen dennoch, und siehe, sie fanden bei Krischan unter all seinen Lumpen den goldenen Apfel und das seidene Tuch auf seiner Brust. Und da nahmen sie den Krischan mit, schmutzig und in Lumpen, wie er gerade war.

Als nun die Prinzessin den Krischan so sah, da weinte sie und sprach, der schmutzige Bettler, der sei nicht der schöne Ritter, der ihr den Apfel und das Tuch genommen habe. Die Hofdamen fielen vor Entsetzen beinahe in Ohnmacht und dem Krischan, dem wäre es beinahe wieder schlimm ergangen, aber da dachte er zum Glück an seine drei Flöten und er flötete sich seine drei Rosse herbei. Als er nun gebadet und schön gekleidet war, da erkannte ihn die Prinzessin wieder und sie nahm ihn gerne zum Mann.

Und der Krischan, der wurde ein weiser und kluger König. Was mit den beiden älteren Brüdern, dem Fritz und dem Johann geschehen ist, das weiß ich nun nicht so genau, aber ich hoffe, dass sie etwas klüger geworden sind.

Wassilissa die Wunderschöne

Märchen aus Russland

Es lebte einmal ein Kaufmann. Der war zwölf Jahre verheiratet und hatte nur eine Tochter, Wassilissa, die Wunderschöne. Als die Mutter starb, war das Mädchen acht Jahre alt. Sterbend rief die Kaufmannsfrau ihre Tochter zu sich, zog unter ihrer Decke eine Puppe hervor und sagte: »Wassilissuschka, höre auf meine letzten Worte. Ich sterbe und hinterlasse dir mit meinem mütterlichen Segen diese Puppe, behalte sie stets bei dir und zeige sie niemand; wenn dir ein Unglück zustößt, gib ihr zu essen und frage sie um Rat. Wenn sie gegessen hat, wird sie dir sagen, wie deinem Kummer abzuhelfen ist.« Dann küsste die Frau ihre Tochter und starb.

Nach dem Tod der Frau trauerte der Mann wie es sich gehörte, dann aber dachte er neuerdings ans Heiraten. Er war ein schöner Mann und an Bräuten war kein Mangel. Mehr als alle andern gefiel ihm eine Witwe. Sie war nicht mehr jung und hatte selbst zwei Töchterchen ungefähr im gleichen Alter wie Wassilissa – da musste sie wohl eine erfahrene Hausfrau und Mutter sein.

Der Kaufmann heiratete sie, betrog sich aber und fand an ihr keine gute Mutter für seine Tochter.

betrog sich **hier: wurde betrogen**

Wassilissa war die Schönste im ganzen Dorf, die Stiefmutter und die Schwestern beneideten sie deshalb und quälten sie mit aller möglichen Arbeit, damit sie hässlich würde, mager und braun von Sonne und Wind – ein hartes Leben führte das Kind. Wassilissa vollführte aber alle Arbeit ohne zu murren, sie wurde immer schöner und voller, während die Stiefmutter und ihre Töchter vor

Missgunst immer magerer und hässlicher wurden. Und doch saßen sie immer da mit den Händen im Schoß wie Damen. Wie ging das zu?

Die Puppe half Wassilissa. Ohne sie hätte das Mädchen mit der Arbeit nicht fertig werden können. Dafür aß Wassilissa oft selbst nichts und bewahrte die schmackhaftesten Bissen auf und wenn abends alle zur Ruhe gegangen waren, sperrte sie sich in ihrem Bodenkämmerchen ein, brachte der Puppe das Essen und sprach dabei: »Puppe, da iss und höre meinen Jammer! Ich lebe im Haus beim Väterchen und habe ein hartes Los. Die böse Stiefmutter quält mich zu Tode. Lehre mich, was muss ich tun, um dieses Leben zu ertragen!«

Die Puppe aß, gab ihr gute Ratschläge, tröstete sie und machte am nächsten Morgen alle Arbeit für sie. Wassilissa konnte spazieren gehen und Blumen pflücken, trotzdem waren die Beete beizeiten gejätet, der Kohl abgesucht, das Wasser getragen, der Herd geheizt. Die Puppe lehrte sie überdies Gras und Kräuter kennen. So war das Leben mit der Puppe schön und die Jahre vergingen. Wassilissa wuchs heran und alle Burschen des Dorfes warben um sie. Die Töchter der Stiefmutter aber sah niemand an; da wurde die Stiefmutter noch böser wie früher und antwortete allen Bewerbern »Ich gebe die jüngere Tochter nicht vor den älteren her.« So schickte sie die Brautwerber fort und ließ ihren Zorn an Wassilissa mit Schlägen aus.

Einmal musste der Kaufmann in Geschäften für lange Zeit verreisen. Die Stiefmutter übersiedelte währenddessen in ein anderes Haus, das nahe an einem dichten Wald stand. In dem Wald war eine Wiese. Auf der Wiese stand eine Hütte. In der Hütte wohnte Baba Jaga, die ließ niemand zu sich herein und fraß Menschen, als wären es Hühner. Während des Umzugs sandte die Kaufmannsfrau die verhasste Wassilissa oft in den Wald, sie kehrte aber immer wohlbehalten zurück, denn die Puppe zeigte ihr die Wege, auf denen sie die Hütte Baba Jagas vermied.

Baba Jaga
→ Seite 254

So kam der Herbst. Die Stiefmutter stellte allen drei Mädchen ihre Aufgabe für den Abend: eine musste Spitzen klöppeln, die zweite Strümpfe stricken und Wassilissa spinnen, jede eine bestimmte Menge. Die Mutter verlöschte das Feuer im ganzen Haus und ließ nur dort, wo die Mädchen arbeiteten, eine Kerze brennen. Sie selbst legte sich schlafen. Die Mädchen arbeiteten. Die Kerze brannte herunter und eine von Stiefmutters Töchtern nahm die Schere, als wollte sie den Docht richten. Auf Befehl der Stiefmutter verlöschte sie dabei das Licht, wie aus Versehen. »Was soll jetzt geschehen?«, fragten die Mädchen einander. »Im ganzen Hause brennt kein Feuer, und unsere Arbeit ist noch nicht beendet. Wir müssen Feuer bei Baba Jaga holen!«

klöppeln
→ Seite 255

»Mir leuchten die Stecknadeln, ich gehe nicht«, sagte die, welche klöppelte.

»Ich gehe auch nicht«, sagte die zweite, »mir geben die Stricknadeln Licht genug.«

»Du musst um Feuer gehen«, riefen beide, »gehe zu Baba Jaga.« Dabei stießen sie Wassilissa aus der Stube. Wassilissa ging in ihr Kämmerchen, setzte Essen vor ihre Puppe und sagte: »Puppe, da iss und höre meinen Jammer. Sie schicken mich zu Baba Jaga um Feuer. Baba Jaga wird mich fressen.« Die Puppe aß, ihre Augen glänzten wie zwei Lichter und sie sprach: »Fürchte dich nicht, Wassilissuschka! Tue, was sie dir sagen; nur nimm mich mit dir. Solange ich dabei bin, tut dir Baba Jaga nichts.« Wassilissa steckte die Puppe in ihre Tasche, bekreuzte sich und ging unter Zittern in den finstern Wald.

Plötzlich jagte ein Reiter an ihr vorbei, der war ganz weiß; weiß auch sein Kleid, sein Pferd und die Zügel – da wurde es Licht. Sie ging weiter, da sprengte plötzlich ein anderer Reiter vorbei, der war ganz rot, rot auch sein Pferd und seine Kleider – da ging die Sonne auf. Wassilissa ging die ganze Nacht und den ganzen Tag, erst am nächsten Abend kam sie auf die Wiese, wo Baba Jagas Hütte stand. Der Zaun um die Hütte war aus Menschenknochen, auf den Pfählen ragten Totenschädel mit leeren Augen, statt der Angeln am Tor waren Füße, statt der Riegel Hände, an Stelle des Schlosses ein Mund mit scharfen Zahnen angebracht. Vor Schreck blieb Wassilissa wie angemauert stehen. Plötzlich sprengte des Weges wieder ein Reiter, der war ganz schwarz, schwarz auch sein Pferd und seine Kleider. Er sprengte zum Tor und verschwand, als hätte ihn die Erde verschluckt – da wurde es Nacht. Die Dunkelheit dauerte aber nicht lange, in allen Totenschädeln des Zaunes erglühten die Augen, davon ward es auf der Wiese hell wie bei Tag. Wassilissa zitterte vor Angst, blieb aber stehen, da sie nicht wusste, wohin sie entfliehen konnte. Auf einmal erhob sich im Wald ein schrecklicher Lärm. Die Bäume krachten, die trockenen Blätter raschelten.

Aus dem Wald fuhr Baba Jaga nach Hause in ihrem Mörser, trieb ihn an mit der Keule und verwischte ihre Spur mit dem Besen. Bei dem Tor hielt sie an, schnupperte ringsum und rief: »Pfui, pfui, hier riecht es nach Russen! Wer ist da?« Angsterfüllt trat Wassilissa zu ihr hin, verneigte sich tief und sagte: »Ich bin es, Mütterchen, Stiefmutters Töchter schickten mich zu dir um Feuer.«

»Schon gut«, sagte Baba Jaga, »ich kenne sie, bleibe bei mir und arbeite für mich, dann gebe ich dir Feuer, sonst aber fresse ich dich.« Dann wandte sie sich an das Tor und rief: »Heh, meine starken Riegel, geht zurück, mein starkes Tor, spring auf.« Das Tor sprang auf und sausend fuhr Baba Jaga hinein, Wassilissa hinterdrein. Dann schlug das Tor wieder zu. Im Zimmer reckte sich Baba Jaga und sagte zu Wassilissa: »Gib her, was im Ofen steht, ich will essen!«

Wassilissa entzündete einen Kienspan an den Totenschädeln am Zaun und holte Baba Jaga das Essen aus dem Ofen herbei, das war ein zerstückelter, gekochter Mensch. Aus dem Keller holte sie Kwass, Honigbier und Wein. Die Alte aß und trank alles auf. Für Wassilissa blieb nur

Mörser
→ Seite 255

Kienspan
Fackel aus harzreichem Nadelholz

Kwass
→ Seite 255

ein Restchen Kohlsuppe, ein Rändchen Brot und ein Stückchen Schweinefleisch. Baba Jaga lege sich schlafen und sagte zu Wassilissa: »Morgen, wenn ich fortfahre, reinige den Hof und fege die Hütte, richte das Essen und wasche die Wäsche, gehe auf den Boden, hol dir ein Viertel Weizen und lies ihn aus, sieh zu, dass du fertig wirst, eh ich nach Hause komme, sonst fress ich dich auf.« Und kaum hatte sie diese Befehle erteilt, begann sie zu schnarchen.

Wassilissa stellte die Reste des Essens vor die Puppe und sagte: »Puppe, da iss und höre meinen Jammer! Schwere Aufgaben stellte mir Baba Jaga und droht, mich aufzufressen, wenn ich nicht alles ausführe. Hilf mir!«

»Fürchte dich nicht, Wassilissa, du Wunderschöne. Iss, bete und lege dich schlafen. Der Morgen ist klüger als der Abend!«

Früh am nächsten Morgen erwachte Wassilissa. Baba Jaga war schon aufgestanden und schaute zum Fenster hinaus. In den Totenschädeln verglommen die Augen, da jagte der weiße Reiter vorbei und es wurde licht. Baba Jaga trat in den Hof und pfiff und gleich erschien der Mörser mit Keule und Besen, da jagte der rote Reiter vorbei und die Sonne ging auf. Baba Jaga setzte sich in ihren Mörser und fuhr davon, mit der Keule trieb sie den Mörser an und verwischte die Spur mit dem Besen.

Wassilissa blieb allein zurück, besah das Haus Baba Jagas, staunte über all den vorhandenen Reichtum und überlegte, mit welcher Arbeit sie beginnen sollte. Aber siehe da, alle Arbeit war schon gemacht. Die Puppe las eben die letzten Weizenkörner aus. »Oh, du meine Retterin«, sagte Wassilissa, »du hilfst mir aus großer Not.«

»Du musst nur noch das Essen bereiten«, entgegnete die Puppe und kletterte wieder in Wassilissas Tasche zurück. »Bereite es mit Gottes Hilfe und warte ruhig.«

Abends deckte Wassilissa den Tisch und erwartete Baba Jaga. Es dämmerte, da jagte der schwarze Reiter vorbei, gleich wurde es ganz dunkel, nur die Augen der Schädel glühten. Die Bäume zitterten, die Blätter raschelten – Baba Jaga fuhr herein und Wassilissa trat ihr entgegen. »Hast du alles gemacht?«, fragte Jaga.

»Sieh selbst nach Großmütterchen«, sagte Wassilissa.

Baba Jaga sah alles nach, ärgerte sich ein wenig, dass sie nichts zu tadeln fand und sagte: »Schon gut.« Dann rief sie: »Treue Diener, Herzensfreunde, mahlt meinen Weizen!« Da erschienen drei Paar Hände, ergriffen den Weizen und trugen ihn fort.

Baba Jaga aß und erteilte Wassilissa vor dem Einschlafen wieder Befehle: »Tue morgen dasselbe wie heute, aber außerdem nimm noch den Mohn, der auf dem Boden steht, und reinige ihn von der Erde, jedes Körnchen! Jemand hat aus Bosheit Erde darunter gemischt!« Kaum hatte die Alte das gesagt, so kehrte sie sich zur Wand und schnarchte.

Wassilissa fütterte sogleich ihre Puppe. Die Puppe aß und sagte wie gestern: »Bete und lege dich schlafen; der Morgen ist klüger als der Abend – alles wird gemacht sein, Wassilissuschka!«

Am Morgen fuhr Baba Jaga wieder fort und Wassilissa machte mit Hilfe der Puppe die Arbeit fertig. Die Alte kam zurück, besichtigte alles und rief: »Teure Diener, Herzensfreunde, holt den Mohn und presst das Öl heraus!« Da kamen drei Paar Hände, ergriffen den Mohn und schleppten ihn davon. Baba Jaga setzte sich zum Essen und Wassilissa stand schweigend neben ihr. »Warum sprichst du nichts, sondern stehst da wie stumm?«, fragte Jaga.

»Ich traute mich nicht, aber wenn du es erlaubst, möchte ich gerne etwas fragen.«

»Frage, doch nicht jede Frage führt zum Guten. Viel Wissen macht alt!«

»Ich möchte dich nur über etwas befragen, was ich sah, Großmütterchen. Als ich zu dir ging, überholte mich ein weißer Reiter in weißem Gewand, auf weißem Pferd, wer war das?« – »Der helle Tag!« – »Dann überholte mich ein roter Reiter auf rotem Pferd, in roten Kleidern, wer war das?« – »Die rote Sonne!« – »Was bedeutet der schwarze Reiter, der mich gerade vor deinem Tor überholte, Großmütterchen?« – »Das war die dunkle Nacht. Das sind meine treuen Diener!«

Wassilissa dachte an die drei Paar Hände und schwieg. »Weshalb fragst du nicht weiter?«, forschte Baba Jaga. »Ich weiß genug, du sagst ja selbst, vieles Wissen macht alt.«

Kehricht Abfall

»Es ist gut, dass du nur nach Dingen fragst, die du im Walde sahest, und nicht nach Dingen, die auf meinem Hof sind, ich mag nicht, dass man den Kehricht aus meiner Hütte fortträgt, und die allzu Wissbegierigen fresse ich. Jetzt aber frage ich: Wieso bringst du alle die Arbeit fertig, die ich dir auftrage?«

»Mir hilft meiner Mutter Segen.«

von hinnen weg, fort

»So! Dann packe dich von hinnen, gesegnete Tochter! Ich mag die Gesegneten nicht!« Sie schleppte Wassilissa aus der Stube und stieß sie beim Tor hinaus, nahm einen

Totenschädel mit brennenden Augen vom Zaun, steckte ihn auf einen Stab, gab ihn ihr und sagte: »Da hast du Feuer für die Töchter der Stiefmutter, sie sandten dich ja deshalb zu mir.«

Wassilissa lief beim Licht des Totenschädels, der erst am Morgen erlosch, heimwärts. Am Abend des nächsten Tages erreichte sie das Haus. Jetzt wollte sie den Schädel wegwerfen, da hörte sie eine dumpfe Stimme in dem hohlen Totenkopf sprechen: »Wirf mich nicht weg, bring mich der Stiefmutter.« Sie sah auf das Haus ihrer Stiefmutter und erblickte in keinem Fensterchen Licht, da entschloss sie sich, mit dem Totenschädel einzutreten. Sie wurde freundlich empfangen und die Schwestern erzählten ihr, dass seit der Zeit, da sie fort war, im Hause bei ihnen kein Feuer gewesen sei. Selbst konnten sie keines schlagen und das der Nachbarn verlosch, wie man es in die Stube brachte. »Vielleicht wird dein Feuer brennen!«, sagte die Stiefmutter.

Sie trugen den Totenkopf in die Stube und die brennenden Augen blickten die Stiefmutter und ihre Töchter derart an, dass es sie versengte. Sie konnten sich verstecken, wohin sie wollten, die Augen folgten ihnen überallhin; am Morgen waren sie ganz zu Kohlen verbrannt, nur Wassilissa war übriggeblieben.

Wassilissa vergrub den Totenkopf in der Erde, sperrte das Haus ab und ging in die Stadt. Sie bat dort eine arme alte Frau, ihr bis zu der Heimkehr ihres Vaters Unterkunft zu gewähren. Einmal sagte sie der Alten: »Mütterchen, müßig dazusitzen langweilt mich! Gehe hin und kaufe mir vom allerbesten Flachs, ich will spinnen.«

Flachs
→ Seite 255

Gespinst Gewebe

Schiffchen mit Leinfaden umwickelte Holzspule zum Weben

Linnen gewebter Leinenstoff

Die Alte kaufte guten Flachs. Wassilissa machte sich an die Arbeit, und flink ging sie ihr von der Hand, dabei war der Faden glatt und fein wie Härlein. Als sie viel Gespinst beisammen hatte und es an der Zeit war, zu weben, fand sich kein Kamm, der für Wassilissas Gespinst genügt hätte. Niemand wollte das Weben unternehmen; da wandte sie sich an ihre Puppe, die sprach: »Bringe mir irgendeinen alten Kamm, ein altes Schiffchen und eine Pferdemähne, ich mache es dir.« Wassilissa ging zu Bett und die Puppe machte in der Nacht einen herrlichen Webstuhl. Zu Ende des Winters war das Linnen gewebt, es war so fein, dass man es wie einen Faden durch ein Nadelöhr ziehen konnte.

Im Frühjahr bleichten sie das Linnen und Wassilissa sagte zur Alten: »Verkaufe das Gewebe und behalte das Geld für dich.« Die Alte besah die Ware und bewunderte sie: »Ach, Kindchen, außer dem Zaren kann niemand solches Linnen tragen. Ich bringe es an den Hof.« Die Alte ging zum Zarenpalast und ging vor dem Fenster immerfort auf und ab. Der Zar sah sie und sagte: »Alte, was willst du?«

»Großmächtiger Zar, ich brachte eine wundervolle Ware, die will ich niemand zeigen außer dir.« Der Zar befahl, dass man die Alte vorlasse, kaum hatte er das Linnen gesehen, bewunderte er es sehr. »Was willst du dafür?«, fragte er. »Es hat keinen Preis, Väterchen Zar, ich mache es dir zum Geschenk.« Der Zar bedankte sich und entließ sie reich belohnt.

Nun wollte der Zar Hemden aus der Leinwand nähen lassen, aber er konnte keine Näherin finden, welche die Arbeit übernehmen wollte. Lange suchte der Zar, endlich ließ er die Alte kommen und sagte: »Wenn du dieses Linnen spinnen und weben konntest, so kannst du mir auch ein Hemd daraus nähen.«

»Nicht ich konnte das Linnen weben und spinnen«, sagte die Alte, »sondern ein Mädchen, das ich bei mir aufgenommen habe.«

»Ei, dann soll sie es mir nähen.« Die Alte ging nach Hause und erzählte Wassilissa alles. »Ich wusste, dass diese Arbeit mir zufallen musste«, sagte Wassilissa, sperrte sich in ihr Stübchen ein, machte sich an die Arbeit und legte die Hände nicht eher in den Schoß, als bis sie ein Dutzend Hemden fertig gemacht hatte. Die Alte brachte dem Zaren die Hemden und Wassilissa wusch und kämmte sich, kleidete sich an und setzte sich ans Fenster. So saß sie und wartete. Da kam ein Diener des Zaren, trat in die Stube und sagte: »Der Zar will die Künstlerin sehen, die ihm die Hemden nähte, und sie mit eigener Hand belohnen.« Wassilissa die Wunderschöne ging zum Zar. Als er sie erblickte, verliebte er sich über alle Maßen in sie. »Nein, du Schönheit! Ich trenne mich nicht mehr von dir; du wirst meine Frau.« Der Zar nahm Wassilissa bei ihren weißen Händen, setzte sie neben sich und ließ zur Hochzeit aufspielen.

Wassilissas Vater kehrte bald darauf zurück, freute sich über ihr Glück und blieb bei der Tochter wohnen. Wassilissa nahm auch die Alte zu sich und die Puppe blieb stets in ihrer Tasche.

Peter Rühmkorf

Der Hüter des Misthaufens 1983

Tellurien Fantasieland, von »tellus« (lat.) Erde

Ein König war in Tellurien, der hatte drei Söhne, die wollte er auszahlen, als es zum Sterben ging, einen jeden nach seinen Eigenheiten. Zuerst kam der Älteste an die Reihe, der hatte Zeit gehabt, in die Länge und Breite zu wachsen, und er hatte ein bedächtiges Wesen, zu dem sprach der König: Weil ich glaube, dass du hofhalten kannst, sollst du alles bekommen was niet- und nagelfest ist in meinem Reiche, das Schloss und die Stadtmauer, die Höfe und Stallungen, Äcker und Weiden, aber auch die Wälder dazu, damit soll es sein Recht haben.

Der Zweite war dessen unzufrieden und er zog einen Mund wie einen Apfelbiss, so sauer, so verkniffen, denn er dachte: damit ist das Reich vergeben. Der König, der es sich alles reiflich überlegt hatte in seinem grauen Kopf, sprach aber ganz ruhig zu ihm: Und du, mein Sohn, sollst das Bewegliche in deine Obhut nehmen, denn du bist ein beweglicher Geist und hast flinke Füße und eine gewandte Art. Daher soll dein sein alles, was sich bewegt in unseren Landen als da sind Pferde und Kühe, Schafe und Ziegen, Schweine und Gänse, Hühner und Enten, aber auch das Wild, das in den Wäldern herumspringt und die Hirsche und Hasen auf der Heide. Ja, selbst die Fische in den Bächen und die Vögel in der Luft sollen füglich dein Eigen sein, so kannst du dich wohl zufrieden geben. Da war der Zweite froh in seinem Herzen, denn, wie er es sich gleich ausrechnete, gebot er somit auch über die Wagen und Kutschen und alles fahrbare Kriegsgerät, das war, wie er meinte, das Reich.

füglich berechtigterweise

Als die Reihe nun an den Dritten kam, schien des Königs Tasche allerdings leergeschenkt. Der Sohn wollte auch schon gerade seine dreckige, fleckige Kappe nehmen und sagen, dann ade, mein Herr Vater, dann lebt wohl, teure Brüder, so werde ich mein Glück wohl in anderen Landen machen müssen, aber der König zog ihn liebreich an die Brust und sprach: Vor den Toren der Stadt, ganz nah an der Grenze des Reiches liegt mein königlicher Misthaufen, der ist so beweglich wie unbeweglich, denn wo er aufragt wie ein gewachsener Berg, will er doch auch wieder abgetragen und übers Land verteilt werden, den nimm von mir als dein Erbe und hüte ihn wie einen Schatz. Und um dem Sohn zu zeigen, dass er es wirklich ernst meinte, fügte er noch bedeutsam hinzu: Hiermit ernenne ich dich zum *Hüter des Misthaufens* – so sei fortan dein Titel.

Als das die beiden anderen Brüder hörten, begannen sie zu lachen, jeder auf seine Weise, der eine schallend, der andere keckernd, aber um nicht noch schadenfroher zu erscheinen, als sie waren, versicherten sie den nach ihrer Meinung Geprellten sogleich ihrer herzlichen Anteilnahme. Den wollen wir dir nicht streitig machen, lieber Bruder, sprach großmundig der Zweite, im Gegenteil; den wollen wir dir mehren und zusammenkehren helfen, denn Mist erzeugen wir beide gewaltig in unseren riesigen Stallungen und mit dem ganzen rasenden Betrieb. Und der älteste Bruder erbot sich sogar, ihm einen langen Streifen Ödland abzutreten oben an der Nordgrenze, und der Zweite zog augenblicklich nach und trug ihm seine ausgedienten Rollwagen und eine stattliche Anzahl altersschwacher Rösser und Zugochsen an: damit magst

Geprellter
Betrogener

du das Land bereisen und die Straßen und Stallungen Telluriens von allem Unrat freihalten.

Nun geschah es aber, dass sich der erste und der zweite Sohn nicht recht einig werden konnten, was beweglich und was unbeweglich zu nennen war auf der Welt, was man fest oder flüssig, laufend oder stehend, auf den Boden gegründet oder schwankend im Winde heißen sollte, darüber gab es Streitereien die Fülle. Wo der Erste einen Wald gefällt und die Stämme, zu Flößen verbunden, in ein vorüberströmendes Wasser gelassen hatte, hielt es der Zweite für ein bewegliches Eigentum und machte sein Recht geltend. Wo der Zweite einen wildreichen Landstrich leergejagt und die Beute dem Bruder zur Aufbewahrung gegeben, legte dieser auf einmal die Hand darauf. Oder es wollte der eine sein Korn einfahren und musste untertänig erst um Rosse und Wagen bitten und der andere hatte gar überhaupt kein eigenes Dach mehr über dem Kopf oder musste für sein Vieh um Unterkunft vorsprechen. Kurz, alles was eine ungeteilte Wirtschaft wie von ungefähr vereint, wurde bei diesen Hanseln plötzlich zum Zweifelsfall und beide wurden des Zusammenlebens zunehmend unfroh.

Der greise Vater, der es gut gemeint hatte mit seinen Söhnen, starb schließlich hin über dem nicht enden wollenden Hader. Hatte er wohl gedacht, dass die streitbaren Brüder durch sein Testament zur Einigkeit verpflichtet und zu einem brüderlichen Zusammenleben veranlasst werden müssten, lieferte das falsch geteilte Reich nur immer neue Streitanlässe her. Schließlich rückte der Zweite gar mit Reitern und Feldschlangen gegen die Landeshauptstadt vor, um sich Wohnrecht und Weiderecht mit

Hader Streit

Feldschlangen Kanonentyp des späten Mittelalters

Gewalt zu erschießen und der Erste richtete seine schweren Verteidigungsgeschütze gegen den Andringling, ein Streit aus nichtigem Anlass, der sich bald zu einem Bruderkrieg auswuchs, der den Reichtum des Landes erschöpfte und die Güter vernichtete, egal, ob bewegliche oder unbewegliche.

Als sie irgendwann beide merkten, dass sie auf dem falschen Wege waren, war es für die Wohlfahrt des Landes leider schon zu spät. Ja, wenn sich die törichten Brüder doch nur einmal nach dem minder ausgestatteten Dritten umgesehen hätten! Der bereiste zwar immer noch das Land mit seinen klapprigen Gefährten und karrte den Unrat fort und fuhr die Kadaver ab, aber das merkten sie gar nicht bei ihrem großmächtigen Hin- und Hergewese.

Kadaver tote Tierkörper, Aas

Hin- und Hergewese auffallendes Hin- und Hergetue

Stattdessen kamen sie auf eine neue und, wie es schien, für beide Teile nützliche Idee. Da jeder dem anderen seine Habe neidete, ob sie nun mit dem Boden verwachsen oder frei beweglich war, beschlossen sie ihre Rollen zu vertauschen, der Älteste trat also in die Rechte des Zweiten ein und dieser kam dafür in Besitz des Schlosses und des Ackers und des Weidengrundes, so ging es denn eine Weile. Bis sie sich am Ende wieder gefoppt und benachteiligt fühlten, jeder auf seine Art, und abermals begannen sie sich zu bekriegen, zuerst mit der Hilfe von Advokaten

Advokat Rechtsanwalt

und Rechtsgelehrten und dann auch bald mit groberem Geschütz, bis das von den endlosen Streitereien erschöpfte Land vollkommen zu verderben drohte und die Bürger und Bauern und Bergarbeiter unmutig zu ächzen begannen. Es ist eine ungeratene Herrschaft, so oder so, sagten sie, wir sollten uns ihrer entledigen und uns einen neuen König suchen.

Nun waren die Brüder nicht dumm. Als sie gewahr wurden, dass das Volk als ganzes gegen sie stand und die bishin zu allem und jedem verwendlichen Untertanen jetzt an allem und jedem zu zweifeln begannen, kamen sie überein, hinfort den Landesfrieden zu wahren und den Zorn und den Hunger der Menschen gegen andere Ziele zu lenken. Er reicht eben nicht hin und nicht her, unser kleiner Besitz, sprachen sie zueinander, egal, wie wir unsern Schnitt machen; aber oben, jenseits der Grenze, gibt es Ländereien genug für unsere gewachsenen Ansprüche, mit fetten Weizenstrichen und Flüssen randvoll mit Fischen, die werden wir unserem zu kurz geratenen Reich hinzuschlagen und dann noch einmal teilen.

Weizenstriche Weizenfelder

Als die törichten Leute hörten, dass der Krieg diesmal gegen andere gehe, waren sie es wieder zufrieden mit ihren alten Herrschaften. Das ist endlich einmal eine neue Idee, sagten sie, mit einem wirklichen Feind und der Aussicht auf richtige Beute, da kann man sich als einfaches Volk doch gar nicht heraushalten. Und wer weiß, vielleicht kommt dieser ganze Unfriede überhaupt nur von unseren schmalen Feldern her. Als sie nun aber gegen die Grenze zogen und sich schon ihre Zuwächse ausrechneten, lag dort erstmal dick und fett und mit seinen Dampfschwaden bis an die Wolken reichend: der vergessene

Misthaufen. Tragt ihn ab, dass wir unbehindert zu unseren Landesfeinden gelangen können, sagte herrisch der erste Bruder. Schaff uns umgehend eine Schneise zum Durchmarschieren, sagte listig der Zweite, denn er war in der Kriegskunst nun einmal der wendigere von beiden. Aber der dritte Bruder schüttelte nur bedauernd den Kopf mit der dreckigen, speckigen Mütze darauf: Ich bin eingesetzt als Hüter des Misthaufens; und wer immer ihn anrührt, bekommt es mit unseren Forken und Kotprügeln zu tun. Das erboste die streitlustigen Herren bis aufs Blut und sie wollten schon gegen den Dämelack und Gernegroß zu Felde ziehen, nur da war gar kein Feld, in das man hätte ziehen können, bloß ein stinkender Morast so weit das Auge reichte, und ehe eine Vorhut noch den Mistberg selbst berennen konnte, war sie bereits in einem Sumpf von schierem Dreck versunken. Da ließen die Brüder, knirschend, ab von dieser Grenze – unsere kostbaren Kräfte noch an solchen Mist verschwenden, soweit kommt's! – und wandten sich anderen Zielen, weiter östlich gelegenen zu, da war noch mehr Land zu erobern und noch mehr Gut zu gewinnen, aber der Kotkönig soll es uns büßen!

Schneise gerader Durchgang

Forke Heu- oder Mistgabel

Vorhut Vorausabteilung, Spähtrupp

Die Wendung gegen den Osten schien ihnen leicht gemacht, kein Berg verstellte den Blick, kein Fluss behinderte den Marsch, und dann war auch der Feind bald zur Stelle. Mit unerahnten Heeresmassen stellte er sich dem Eindringling in die Quere und trieb ihn zurück in das Land, woher er gekommen war; und obwohl die Tellurier nichts gelernt hatten außer Kriegmachen, und obwohl jeder einzelne von ihnen kämpfte wie ein Gladiator, wie ein Wolf, war doch letztlich kein Aufkommen gegen sol-

Gladiator altrömischer Schwertkämpfer (bei Zirkusspielen)

che Übermacht, daran hätte man eigentlich denken müssen. Dass die beiden unklugen Brüder so schnell aus dem Weg geräumt waren, wie sie sich auf den Marsch gemacht hatten, sagt nichts für und nichts wider die Geschichte – diese Erde hat keinen Platz für was wir Gerechtigkeit nennen. Dass der Herrscher des Ostreiches nun das Land Tellurien in Anspruch nahm und von seinen Truppen besetzen ließ, erscheint billig – nur dass sich auch daraus keine rechte Lehre saugen lässt. Viel zu holen gab es auf tellurischem Staatsgebiet ohnehin nicht mehr, grad noch zu schleifen, flach zu machen und zu Grus und Mus zu mahlen, das tat der selbstgewählte Feind zur Genüge, dann hatte er sein Mütchen gekühlt, seinen Rachehunger gestillt und seine emsigen Aufsichtsbeamten schickten sich an, das ihnen zugewachsene Land nach ihrem eigenen Gesetz zu vermessen: von Ost nach West, von Süd nach Nord, dabei stießen sie unversehens auf eine Provinz, die ihnen den Atem verschlug und den Rotz in den Nasen gerinnen ließ.

billig hier: recht und billig

Grus hier: Staub, Schmutz

Obwohl hier vor lauter Dampf und Qualm und Gestank zunächst überhaupt nichts zu erkennen war, machten sie dann doch eine Art von Gebirge aus, eine mächtige Unrathalde, die rechts kein Ende mehr absehen ließ und links nach St. Nirgendwo führte, mit einem Riesenschweinesumpf aus Piss und Gülle vorgelagert, mochte der Teufel wissen, wer hier noch das Sagen hatte. Nur wo der Kotbuckel oben gegen den Himmel stand, war noch etwas wie Leben im Gange, Strichmännchen oder auch Lemuren, die besinnungslos in dem Dreck herumzustochern schienen, denen rief man durch Sprechtüten zu: Gut Freund, und ob hier etwa das Land Tellurien zu En-

Gülle Jauche

Lemuren die Seelen der Verstorbenen (römische Sage)

de sei oder gar die Erde als ganze? – Ich bin der Hüter des Misthaufens, scholl es ihnen so dumpf wie verdächtig entgegen, und dann schon gänzlich wie vom letzten Abtritt der Welt: Wer hier den Frieden stört, der wird in Jauche ersaufen! Es bedurfte – wir können es ahnen – schon einiger feierlicher Schwüre und eidesstattlicher Versicherungen, um den Mistkönig von seinem Berg herabzubewegen. Dann erkannten die Fremden aber in der ihnen gegebenen Einsicht, dass es sich nur um einen einzelstehenden Häuptling handeln könne, einen unbotmäßigen Stammesfürsten oder kläglich Verbannten, und um ihn für sich zu gewinnen und dabei doch nichts wegzugeben, hefteten sie ihm ein braungelbes Ordensband an den Hut, auf dem stand mit schwarzer Ausziehtusche geschrieben: Wo Mistus – da Christus. Oh, du goldenes Latein, dachte jener, da braucht man sich nur aus den Dingen der Welt herauszuhalten und bekommt am Ende sogar noch einen Orden dafür. Die Fremden aber, während sie sich seifig höflich verabschiedeten, dachten dieses und jenes Unbestimmte, vor allem aber: Nichts wie weg aus diesem Modder!

Abtritt hier: Kotgrube

unbotmäßig unzugänglich

Es taugten freilich die Befreier auch nicht sehr viel, und die sie zunächst für einen Segen von oben gehalten, begannen aufzustöhnen unter ihrem Joch. Das sind keine guten Herrschaften, sagten sie, und wo wir mit ihrer Hilfe der dauernden Kriege ledig geworden sind, so bleibt uns doch nicht mehr, als jetzt in Frieden zu verhungern. Weil ihnen das allerdings keine Aussicht schien, schickten sie eine Abordnung von entschlossenen Bürgern zu dem dritten Bruder, die sollten ihm ihre Sache als die seine deutlich machen. Der hörte sie nach seiner Art erst

Modder niederdeutsch für »Moder«: Faulendes

Joch Last

einmal ruhig und mit unbewegten Ohren an. Wie das Land vollkommen leergesogen und auch die Flüsse ausgefischt seien, die Wälder abgeholzt und die Herden fortgetrieben, die Erzgruben ausgekratzt und selbst die Lüfte leergeschossen, aber wie sie ihn dann so schräg von der Seite her ansahen: ob er unter solchen Umständen ihr Anführer werden wolle, da entgegnete er nur: Wenn es Zeit ist. – Und wann ist es Zeit, lieber Herr? – Wenn alles vollkommen aufgebraucht und heruntergewirtschaftet ist und das Herz der Fremden nach fetterer Weide verlangt.

Und wie er es ihnen vorausgesagt hatte, so geschah es. Als es nichts mehr im Lande gab, was des Aussaugens, Abtragens, Auffressens verlohnt hätte, und die Schlangen auf der Heide und die Fledermäuse unter den Dachböden schmeckten ihnen nicht, zogen die Fremden ab, um anderweitig ihr Glück zu machen, das wiederum anderer Leute Unglück war. Nur dass sich diesmal *diese* gewaltig in der Kraft ihres Gegners vermessen hatten und auf unabsehbare Zeiten an ihren Feind gefesselt waren – da ließ der dritte Bruder Kunde ausgehen von seinem Misthaufen: Jetzt ist Zeit. – Zeit zu was? fragten wie aus dem Schlaf gerissen die bohnenstrohdummen Tellurier, Zeit zur Rache? Zum Eingreifen? Ausfallen? Denn sie konnten sich allen Ernstes nicht vorstellen, dass es außer in Kriegen noch etwas für sie zu holen gäbe. Jetzt ist Zeit zum Abmisten, sagte aber ganz unbeirrt der dritte Bruder, und um sie in der rechten Weise zu ermuntern, steckte er auch gleich seine Forke tief in den Berg – ein Beispiel so ansteckend, dass die Tellurier von allen Seiten herangeeilt kamen, um ihm abtragen und austeilen zu helfen. So verteilten sie Wagen für Wagen und Zug um Zug den satten garen Mist über das ganze Land bis in die äußersten Süd- und Ost- und Westprovinzen, den Abfall der Kriege und den Ausschuss der Misswirtschaft, aber während sie noch meinten, dass die Arbeit kein Ende absehen ließe, fing das Land im Westen schon wieder an zu blühen und im Süden Frucht zu tragen, es war eine Lust, eine Wüstenei wie das niedergewalzte Tellurien so munter wieder in Gang geraten zu sehen.

Ausfall(en) militärischer Abzug

Das ist nun sicher eine erbauliche Geschichte. Aber wie ging sie wirklich aus? Sie ging gar nicht aus, denn der Hüter des Misthaufens hat immerhin noch drei quicklebendige Töchter, die eine heißt Libera, die andere Justine und die dritte Suselmusel und wenn sie nicht von Pappe sind.

Liberia von »Liberitas« (röm.) Göttin der Freiheit
Justine von »Justitia« (röm.) Göttin der Gerechtigkeit

Die Doppelgesichtige.
Scherenschnitt von Hedwig Goller, 1983

Brüder Grimm

Das Murmeltier 1810

Es war einmal eine böse Stiefmutter, die hatte zwei Töchter, ein eigenes, böses Mädchen und ein schönes, frommes Stiefkind. Mutter und Tochter aber quälten das Stiefkind, das sie Murmeltier nannten, über die Maßen und ließen es in der gröbsten Bauernkleidung harte Arbeit verrichten. So musste das Murmeltier Schafe hüten und obendrein des Abends eine bestimmte Anzahl gesponnenen Garns mit nach Hause bringen. Oft setzte sie sich an den Rand eines Brunnens und sang dort ihre Lieder.

Eines Tages wollte sie sich das Gesicht im Wasser waschen, fiel aber dabei vornüber und stürzte hinab in den Brunnen. Sie erschrak zutiefst, doch als sie sich von ihrem Schrecken erholt hatte, befand sie sich in einer klaren Kristallkugel unter den Händen einer schönen Brunnenfrau. Diese war gar freundlich zu ihr, kleidete sie in ein schönes Gewand und schenkte ihr die Gabe, dass aus ihren Haaren, sooft sie diese schüttelte oder kämmte, glänzende Blumen herausfielen. Komme sie jemals in Not, sprach die Brunnenfrau, brauche sie sich nur in den Brunnen zu stürzen. Außerdem gab sie ihr noch einen Schäferstab, der ihre Herde vor Wölfen und Räubern beschützen sollte, dazu ein Spinnrad und einen Rocken, die beide ganz von allein spinnen konnten, sowie einen zahmen, klugen Biber, der zu mancherlei Diensten geschickt war.

Kristall geschliffenes, glänzendes Glas

Spinnrad/ Rocken s. »Flachs« → Seite 255

Als das Murmeltier des Abends heimkam, wurden ihm sogleich das schöne Kleid und die Blumen von der bösen Stiefmutter weggenommen. Sie müsse solches gestohlen haben, sagte diese, doch sofort blühten andere, viel schönere Blumen aus den Locken des Stiefkindes hervor. Es erzählte alles, was geschehen war, doch wurde es nur ausgescholten und barsch angefahren, es solle nur dem Vieh Futter geben und den Stall ausmisten. Da kam der Biber und kehrte mit seinem Schwanz den Stall aus und trug ihr das Wasser zu.

Nun wollte aber auch die böse Tochter zum Brunnen gehen. Doch als sie dorthin kam, rutschte sie unversehens hinab und fiel in schmutziges Sumpfwasser. Die schöne Brunnenfrau nahm sie gar nicht freundlich auf, sondern schalt sie ob ihres Trotzes und Ungestüms gar heftig, so dass stinkendes Rohr und Schilf auf ihrem Kopfe wuchs. Und was immer sie davon ausreißen würde, es sollte ihr in vermehrtem Maße nachwachsen. Dem Murmeltier jedoch wurde erlaubt, der Schwester von Zeit zu Zeit die Haare zu kämmen, und werde sie dies tun, so sollte der hässliche Schmuck für Tag und Nacht verschwinden. Von nun an musste Murmeltier alle Augenblicke die Haare der Schwester auskämmen.

Rohr
→ Seite 255

Die Feen

Märchen aus Frankreich

Es war einmal eine Witwe, die hatte zwei Töchter. Die ältere glich ihr so sehr in ihrem Wesen und Aussehen, dass jeder, der sie sah, die Mutter zu sehen glaubte. Beide waren so boshaft und so hochmütig, dass keiner mit ihnen leben konnte. Die jüngere, das wahre Abbild des Vaters, war in ihrer Sanftmut und Höflichkeit noch dazu eines der schönsten Mädchen, das man je gesehen hat. Da es natürlich ist, dass man sein Ebenbild liebt, so war diese Mutter vernarrt in ihre ältere Tochter; aber gegen die jüngere hatte sie eine erschreckende Abneigung. Sie musste in der Küche essen und ununterbrochen arbeiten. Zweimal täglich musste das arme Kind einen großen vollen Krug Wasser heranschleppen von einem Brunnen, der eine gute halbe Meile vom Haus entfernt war.

Meile Längenmaß, ca. 1,6 km

Eines Tages, als es aus diesem Brunnen schöpfte, trat eine arme Frau an das Mädchen heran mit der Bitte, ihr zu trinken zu geben. »Gern, gutes Mütterchen«, sagte das schöne Kind; sogleich spülte es seinen Krug aus und schöpfte Wasser an der klarsten Stelle des Brunnens und reichte es ihr, indem es den Krug stützte, damit die Arme bequemer trinken könnte. Als die gute Frau ihren Durst gestillt hatte, sagte sie: »Ihr seid so schön, so gut und freundlich, dass ich Euch ein Geschenk machen möchte«, denn sie war eine Fee, die die Gestalt einer armen Bäuerin angenommen hatte, um zu prüfen, wie weit die Höflichkeit dieses jungen Mädchens ginge.

»Ich mache Euch zum Geschenk«, fuhr die Fee fort, »dass bei jedem Wort, das Ihr sprechen werdet, eine Blume oder ein Edelstein aus Eurem Munde springen soll.« Als das schöne Kind nach Hause kam, war seine Mutter böse, weil es so spät vom Brunnen zurückkehrte. »Verzeiht mir, Mutter«, sagte das arme Mädchen, »dass ich mich so verspätet habe.« Bei diesem Wort sprangen zwei Rosen aus seinem Mund, zwei Perlen und zwei große Diamanten.

»Was sehe ich da«, sagte die Mutter verwundert, »ich glaube aus ihrem Mund springen Perlen und Diamanten! Woher kommt das, meine Tochter?« Das arme Kind erzählte arglos alles, was ihm widerfahren war, wobei unzählige Diamanten aus seinem Mund sprangen. »Wahrhaftig, ich muss meine Tochter Fanchon dorthin schicken«, sagte die Mutter. »Kommt, Fanchon, seht doch nur, was Eurer Schwester aus dem Mund springt, wenn sie spricht! Möchtet Ihr auch gern solch ein Geschenk erhalten? Ihr braucht nur im Brunnen Wasser zu schöpfen, und wenn eine arme Frau Euch um einen Trunk bittet, müsst Ihr sehr freundlich zu ihr sein und ihr Euren Krug reichen.«

»Ich soll zum Brunnen gehen? Das würde schön zu mir passen!«, erwiderte die Unhöfliche. »Ich will aber, dass Ihr geht«, sprach die Mutter, »und zwar sofort.«

Da nahm Fanchon die schönste silberne Kanne, die im Hause war, und machte sich murrend auf den Weg. Kaum war sie beim Brunnen angelangt, als sie eine prächtig gekleidete Dame aus dem Wald kommen sah, die sie um einen Trunk bat. Es war dieselbe Fee, die ihrer Schwester erschienen war, aber diesmal war sie in der Gestalt und in den Kleidern einer Prinzessin gekommen, um zu prüfen, wie weit die Unhöflichkeit dieses Mädchens ginge. »Bin ich hierher gekommen, um Euch zu trinken zu geben?«, sagte die Unhöfliche schroff. »Meint Ihr, ich hätte eigens die silberne Kanne mitgebracht, damit die Dame daraus trinken kann? Bedient Euch doch selbst, wenn Ihr trinken wollt.«

»Sehr liebenswürdig seid Ihr nicht«, erwiderte die Fee, ohne in Zorn zu geraten. »Nun gut, da Ihr so wenig hilfsbereit seid, mache ich euch zum Geschenk, dass bei jedem Wort, das Ihr sprechen werdet, eine Schlange oder eine Kröte aus Eurem Munde kommen soll.« Kaum sah die Mutter Fanchon kommen, rief sie ihr entgegen: »Wie steht's, meine Tochter?« – »So steht's, meine Mutter!«, antwortete die Unhöfliche und spie zwei Nattern und zwei Kröten aus. »O Himmel«, schrie die Mutter, »was sehe ich? Daran ist Eure Schwester schuld, das soll sie mir büßen!« Und sofort lief sie zu ihr, um sie zu schlagen.

Das arme Kind entfloh und rettete sich in den nahen Wald. Dort begegnete ihm der Königssohn, der von der Jagd zurückkehrte. Als er das schöne Mädchen sah, fragte er, was es hier so allein mache und warum es weine. »Ach, Herr, meine Mutter hat mich von Zuhause fortgejagt.« Der Königssohn sah, dass dem Mädchen vier oder fünf Perlen und ebenso viele Diamanten aus dem Mund sprangen. Er bat es, ihm das zu erklären, und es erzählte ihm sein ganzes Erlebnis. Da verliebte sich der Königssohn in sie; auch bedachte er, dass eine solche Gabe mehr wert sei, als jede Mitgift einer anderen. Er führte sie in das Schloss seines Vaters, des Königs, wo er sie heiratete. Ihre Schwester aber machte sich so verhasst, dass ihre eigene Mutter sie aus dem Hause jagte, und so starb sie einsam in der Tiefe des Waldes.

Mitgift
→ Seite 256

Die Katzenmühle

Märchen aus Österreich/Ungarn

Es war einmal ein Vater, der hatte nur noch eine Tochter, die war siebzehn Jahre alt. Eines Tages heiratete der Vater wieder. Die Stiefmutter aber hatte zwei Töchter und sie alle hassten die Stieftochter. Jeden Tag hat die Stieftochter genug Schläge gekriegt und wenig zu essen, wenn nicht von der Stiefmutter, so von den Töchtern.

Eines Tages wurde sie in die verwunschene Katzenmühle geschickt, um Feuer zu holen. Dort hausten fünfzig Weiber, die hatten riesige Katzenschädel. Zum Feuerholen hat sie einen Stiaz mitgenommen, und als sie bei der Katzenmühle angekommen ist, hat sie ans Gassentor gepocht.

Stiaz → Seite 256

»Naun, naun, raun, raun,
was willst du denn?«

sagen die Katzenweiber.

»Ach, meine lieben Frau'n,
ich bitt um ein wenig Feuer,
ich bin die Stieftochter.«

»Naun, naun, raun, raun,
so komm herein!«

Sie führen sie zu der Alten.

»Naun, naun, raun, raun,
diese da will Feuer!«

»Sie kriegt Feuer,
aber sie muss mich wenigstens lausen!«

Einen Schädel hat die Alte gehabt – so groß wie ein Sechseimerfass und ganz wirres Haar! Eidechsen, Schlangen, Ottern, Kröten und Mäuse – das waren ihre »Läuse«! Wie sie nun anfängt, die Alte zu lausen, sperren die Tierchen schon die Goschen auf, um sie zu beißen. Sie fürchtet sich aber nicht und fängt sie alle. Sie reißt ihnen die Köpfe ab und wirft sie von sich. Nun hat sie alles soweit gesäubert, dass sie nicht mehr so gebissen werde.

Ottern **Schlangenart**

Goschen **die »Gosche«: das Maul**

»Raun, raun, naun, naun,
mein Kind, was hast gefunden?«

»Nun, nun, ein paar Läuschen
und ein paar Lauseierchen hab ich gefunden!«

»Naun, naun, raun, raun,
weil du so brav gewesen bist, mein Kind,
will ich dir was schenken!«

Alsdann geht die Alte hinaus zu ihrer Truhe und holt einen Sack voll Gold- und Silbergeld heraus.

Dann hat sie den anderen Katzen zugerufen:

»Naun, naun, raun, raun,
gebt ihr nun das Feuer,
und tragt ihr das Geld!
Naun, naun, raun, raun!«

Darauf haben die Katzenweiber ihr das Feuer gegeben, das Gold und Silber genommen und es ihr getragen.

Als sie nun nach Hause gekommen ist, hat sie Feuer gehabt und Gold und Silber dazu in Fülle, sodass es ihr Lebtag nicht aufbrauchen konnte.

Nun aber beneidet man sie. Die Stiefmutter hätte gar zu gerne gehabt, dass ihre Töchter auch so viel Geld bekämen. Am anderen Tag schickt die Stiefmutter die ältere Tochter ebenfalls hinaus, um Feuer zu holen. Diese poltert an das Tor der Katzenmühle.

»Maun, maun, raun, raun,
wer ist denn draußen?«

»Ihr verfluchten Katzen,
Schreit nicht so herum!
Ich will Feuer haben!«

Sie machen ihr die Tür auf.

»Maun, maun, raun, raun,
da musst du mit uns zu unsrer Meisterin gehn!«

»Maun, maun, raun, raun,
diese da will ein Feuer haben!«

»Ja, sie muss mich zuerst lausen,
dann kriegt sie eins!«
»Ach, du alter Katzenschädel!
Was denkst du denn,
warum soll ich dich denn lausen?«

Wie sie hinblickt, schnellen Schlangen und Ottern in die Höhe und bäumen sich auf.

»Deine Schlangen und deine Ottern und deine
grünen Eidechsen soll ich dir vom deinem Kopfe
lesen, du stinkige Katz?!«

Darauf schreit die Alte den anderen Katzen zu:

»Gmaun, gmaun, graun, graun,
zerreißt sie!«

Da haben sie das Mädchen zerrissen. Nachdem die erste so lange mit dem Feuer ausgeblieben ist, kommt die zweite, um nachzuschauen, wo die Schwester sei. Sie sieht, dass die Schwester zerrissen wurde. Sie trommelt an die Tür. Da kommen die verwünschten Katzen heraus und rufen alle:

»Maun, maun, raun, raun,
was willst denn du?«

»Ihr verreckten Katzen,
wie könnt ihr denn meine Schwester zerreißen?«

Da packen sie das Mädchen und zerreißen es in ebenso viele Stücke. Der Stiefmutter dauert es zu lange. Sie kommt und sucht nach ihren Töchtern. Wie sie hinkommt, erblickt sie ihre beiden Töchter, in Stücke zerrissen. Sie poltert und rüttelt an der Türe.

»Gmaun, gmaun, raun, raun,
was willst denn du?«

»Ihr verfluchten Katzen,
wie könnt ihr nur meine Töchter zerreißen?«

»Maun, maun, raun, raun,
du bist genau so viel wert!«

Und schon haben die Katzen sie zerrissen. Jetzt ist die Tochter mit ihrem Vater allein zurückgeblieben. In der Frühe und am Abend hat sie im Garten vor einem Kreuz unter einem Baum alleweil gesungen und gebetet.

Eines Tages fährt ein Graf jene Straße entlang und hört ihren schönen anmutigen Gesang. Er hält an, steigt ab und geht in den Garten hinein. »Du, mein Liebes, hast du einen Vater?«

»Ja!« – Sie nimmt ihn bei der Hand und führt ihn zum Vater. Der Graf will sie sogleich heiraten, weil sie ein so sauberes und braves Mädel ist. Danach haben sie ihr Haus und ihre Sachen verkauft und sind auf sein Gut gezogen. Dort haben sie die Hochzeit gehalten, und ihr Vater ist bei ihnen geblieben. Und sie sind glücklich gewesen!

sauberes **hier: hübsches**

Die Holundermutter

Märchen aus Frankreich, Lothringen

Es lebte in Lothringen einmal ein Mann, dem starb seine Frau. Sie hinterließ ihm eine Tochter, das Mariele. Und das war so schön, dass sich alle Burschen auf der Gasse nach ihm umdrehten. Dabei war das Mariele nicht nur schön, es war auch fleißig und die beste Spinnerin in der ganzen Gegend. Nun lebte neben dem Witwer eine Witfrau. Sie hatte auch eine Tochter, diese hieß auch Marie. Die beiden Mädchen waren auch im gleichen Alter. Trotz ihres gleichen Namens und ihres gleichen Alters waren die Mädchen sehr verschieden. Die Tochter der Witfrau war faul und bösartig und spinnen wollte sie überhaupt nicht. Doch die beiden Mädchen gingen immer zusammen zur Schule und sonntags zur Messe.«

Witfrau Witwe

Eines Tages sprach die Witfrau zu der Tochter des Witwers: »Mariele, sag doch deinem Vater, er ist allein, ich bin allein, ihr beiden Mädchen passt gut zusammen, und wenn er mich heiraten würde und wir zusammen hausen würden, würden wir viel an Licht und Holz sparen.« Das Mariele richtete dem Vater die Botschaft aus. Der überlegte lange. Endlich sprach er: »Wenn der Holunderbusch hinter unserem Haus bis morgen früh in Blüten steht, will ich ja sagen.« Siehe, wie der Mann am andern Morgen aus dem Fenster schaute, da stand der Holunderbusch in vollen Blüten. Da sprach er zu seinem Mariele: »Geh hinüber zu der Witfrau, zur Nachbarin, und sage ihr, der Holunderbusch habe mir das Zeichen gegeben, sie zu heiraten.« Die Witfrau kam auch gleich gelaufen, und sie versprach dem Mann, dass sie seine

Tochter halten würde wie ihre eigene, das hatte er ihr zur Bedingung gemacht, ja sie hatte ihm auch noch gesagt, sie werde sie sogar noch besser halten. Sie schwor es ihm bei allem, was ihr heilig war. Daraufhin heirateten die beiden. Die erste Zeit ging es recht gut, denn weil das Mariele so schön spinnen konnte, ihre Fäden waren noch feiner wie das Haar, hatten sie auch manchen Gewinn. Doch die Frau merkte bald, dass die Burschen immer nur dem Mariele ihres Mannes den Hof machten. Und diese hatte auch schon fast ihre ganze Aussteuertruhe voll Leinen zusammengesponnen. Ihre eigene Tochter aber war faul, ihre Truhe war noch leer. Auch war sie so bösartig, und weil sie bösartig war, war sie auch hässlich. So wollte sie auch keiner der Burschen zur Frau. Die beiden Weiber wurden deshalb neidisch und böse gegen das Mariele. Sie taten ihr alles Leid an, das sie ersinnen konnten.

Kunkel Rocken, s. »Flachs«, → Seite 255

Eines Tages stießen sie das Mariele gegen das Spinnrad, dass es sich stach und die Kunkel voll Blut war. Schnell lief das Mariele zum Brunnen, um die Kunkel abzuwaschen. Doch die Kunkel fiel ihr aus der Hand und in den Brunnen hinab. Weinend lief das Mädchen zu der Stiefmutter und erzählte ihr Unglück. Doch diese sprach: »Hast du die Kunkel in den Brunnen fallen lassen, holst du sie auch wieder herauf! Du setzt dich in den Schöpfeimer, und ich lasse dich an der Kette hinab.« Das Mariele hatte zuerst große Angst. Doch plötzlich kam eine große Ruhe über sie. Sie setzte sich in den Schöpfeimer und die böse Frau und ihre böse Tochter ließen den Griff los und dachten befriedigt, dass nun das Mariele tot wäre.

Das Mariele aber kam bis zum Grund des Brunnens. Dort sah es plötzlich ein großes Tor. Es stieg aus dem

Eimer heraus und schritt durch das Tor. Es kam zu einer wunderbar blühenden Wiese. Es schritt immer weiter, bis es zu einem Apfelbaum kam, der hing voll der schönsten Äpfel. Die Äpfel riefen: »Ach, schüttel uns, ach, schüttel uns, wir sind schon überreif!« Da schüttelte das Mariele den Baum, bis der letzte Apfel vom Baum gefallen war, las alle Äpfel auf einen Haufen und ging weiter. Und wie

Otto Ubbelohde, Frau Holle

sie so ging, stand plötzlich eine buntscheckige Kuh vor ihr, und die brüllte ihr zu: »Ach, melk mich, ach, melk mich, mein Euter ist übervoll!« Da nahm das Mariele den Eimer, der neben der Kuh stand und molk sie. Dann ging sie weiter. Plötzlich stand mitten auf der Wiese ein Backofen und die Brotlaibe, die darin waren, schrieen: »Ach, zieh uns heraus, ach, zieh uns heraus, sonst verbrennen wir!« Da zog das Mariele all die Brote aus dem Backofen und legte sie nebeneinander auf den Boden. Dann wanderte sie weiter. Auf einmal sah sie ein kleines Haus. Davor saß eine alte Frau, die spann Fäden aus Gold, und so fein wie Spinnweben. Als sie das Mädchen sah, sprach sie: »Willst du bei mir bleiben, ich kenne dich wohl, liebes Kind? Du sollst es auch gut bei mir haben. Aber, wenn ich es dir auftrage, musst du meine Betten schütteln, dass die Daunen fliegen, denn dann schneit es auf der Welt.« »Gern bleibe ich bei Euch«, sprach das Mariele, »doch wer seid Ihr, wie muss ich Euch ansprechen?«

»Ich bin die Holundermutter«, sprach die Alte und führte Mariele in das Haus. Die beiden lebten nun recht in Frieden miteinander und das Mariele war fleißig und willig, sodass die Holundermutter sehr zufrieden mit ihr war und ihre helle Freude an ihr hatte.

Doch als ein Jahr vorübergegangen war, bekam das Mariele Heimweh. Auch machte es sich Sorgen um seinen Vater und weinte oft um ihn. Da sprach die Holundermutter zu dem Mädchen: »Du hast ein gutes Herz. Gehe wieder zurück zur Erde. Für deine treuen Dienste will ich dich auch lohnen.« Die Holundermutter reichte nun dem Mariele ein Säckchen mit Flachssamen und sprach zu ihm: »Säe diesen Samen auf den Acker hinter

Flachssamen s. »Flachs« → Seite 255

deines Vaters Haus, gedenke dabei immer mein, und du wirst dann aus dem Flachs einen Faden wie aus Gold spinnen können.« Das Mariele bedankte sich und ging nun den Weg über die blühende Wiese zurück, auf dem es hergekommen war.

Als es an dem Tor angekommen war, schaute es noch einmal zurück, um der Holundermutter zum Abschied zuzuwinken. Da fiel von dem Felstor ein goldener Regen herab. Und wie das Mariele an sich herunterschaute, waren seine Kleider alle zu Gold geworden und sein schönes langes Haar legte sich wie ein goldener Mantel um seinen Leib. In dem Augenblick rasselte der Eimer auf dem Brunnengrund. Da stieg das Mariele in den Eimer und es kam wieder in die Höhe. Oben sprang es aus dem Eimer und eilte auf das Haus zu. Der Haushahn aber, der gerade auf dem Misthaufen saß, schlug mit den Flügeln und krähte: »Kikeriki, kikeriki, unsre goldne Marie ist wieder hie!«

Das Mariele aber fiel im Haus dem Vater um den Hals und erzählte ihm alles, was es tief im Brunnen bei der Holunderfrau erlebt hatte. Und die Stiefmutter und die Stieftochter kamen auch herbei. Das Mariele musste alles noch einmal ganz genau erzählen und es zeigte auch das Säckchen mit dem Flachssamen. Nun wollte die böse Marie, dass ihr das gleiche Glück widerfahre. Sie warf ihre Kunkel in den Brunnen und die Mutter ließ sie im Schöpfeimer auf den Brunnengrund hinab. Sie kam zu dem großen Tor wie die Goldmarie. Auch sie schritt über die blühende Wiese und kam zu dem Apfelbaum, der voll reifer Früchte hing, und wieder riefen die Äpfel: »Ach, schüttel uns, ach, schüttel uns, wir sind schon überreif!«

Doch die böse Marie tat, als ob sie nichts hören würde und ging weiter. »Sollst das Glück haben, das du verdienst«, rief ihr der Apfelbaum nach.

Plötzlich stand auch vor ihr die buntscheckige Kuh und brüllte: »Ach, melk mich, ach, melk mich, mein Euter ist übervoll!«

»Ich hab' was Besseres zu tun, als mich bei dir schmutzig zu machen«, antwortete die böse Marie und ging weiter. »Sollst das Glück haben, das du verdienst«, rief ihr die Kuh nach. Wie sie weiterging, kam sie zu dem Backofen und die Brotlaibe riefen wieder: »Ach, zieh uns heraus, ach, zieh uns heraus, sonst verbrennen wir!«

»Dann verbrennt ihr halt«, antwortete die böse Marie und ging weiter. Die Brote aber riefen ihr nach: »Sollst das Glück haben, das du verdienst.«

Nun kam sie vor das kleine Häuschen und vor dem Häuschen saß wieder die Holundermutter und spann, aber diesmal einen dicken schwarzen Faden. Die böse Marie ging auch ganz kühn zu ihr und verdingte sich als Magd. Die ersten drei Tage gingen auch ganz gut. Aber dann fiel sie wieder in ihre alte Art und Weise, blieb im Bett liegen und schüttelte die Betten nicht, so schneite es auch nicht auf der Welt, obwohl es doch gerade die Weihnachtszeit war. Da sprach die Holundermutter: »Ich brauche deine Dienste nicht mehr.« Sie gab ihr ein Säckchen mit Samen und sprach: »Säe den Samen auf den Acker, den deine Mutter dir hinterlässt. Dein Lohn soll sein wie deine Arbeit.« Nun ging die böse Marie auch den Weg zurück, den sie gekommen war. Wie sie nun unter dem Tor stand, sah sie nicht nach der Holundermutter zurück, sie dachte nur an den goldenen Regen, der nun kommen würde. Es kam auch ein Regen herab. Aber es war ein Regen von Pech. Wie die böse Marie an sich herunterschaute, war sie über und über mit Pech bedeckt. Sie sprang in den Schöpfeimer, der eben in den Brunnen gerasselt kam, und dachte, das Wasser des Brunnens würde das Pech abwaschen. Doch wie sie am Misthaufen vorüberkam, schlug der Haushahn mit den Flügeln und krähte: »Kikeriki, kikeriki, unsre Pechmarie ist wieder hie!« Und als sie am Holunderbusch vorüberging, fielen alle Blüten ab. Als ihre Mutter sie voll mit Pech erblickte, fiel sie vor Entsetzen tot zu Boden. Die Goldmarie aber hatte Mitleid mit der Pechmarie. Sie gab ihr eine Kammer im Haus ihres Vaters.

Die Goldmarie und die Pechmarie haben nun den Samen gesät, den sie von der Holundermutter empfangen haben. Da wuchsen auf dem Feld der Pechmarie lauter Dornen und Disteln. Der Samen der Goldmarie aber ging auf zu den schönsten blauen Blüten. Es stand da der schönste Flachs, den man weit und breit gesehen hat. Die Goldmarie verspann den Flachs zu schönstem Linnen, das glänzte so golden wie die Sonne am Himmel. Als ihre Aussteuertruhe voll war, kam ein reicher Bauer und hielt um ihre Hand an. Und als nun der Holunderbusch wieder in voller Blüte stand, da feierte die Goldmarie ihre Hochzeit. Der alte Vater zog mit ihr auf den Hof und das Häuschen schenkten sie der Pechmarie. Die Goldmarie aber hatte jedes Jahr den schönsten Flachs weit und breit. An den Winterabenden verspann sie ihn und erzählte immer ihren Kindern und den Nachbarn von der Holundermutter, in deren Reich sie gewesen und mit deren Segen sie zur Erde zurückgekehrt war.

Theodor Storm

Die Regentrude (Auszug) 1864

[...] Nachdem sie noch eine weite Strecke hingeschritten, verengte sich das Seebette zu der Rinne eines mäßigen Baches, der unter einer breiten Lindengruppe durchführte. Das Geäste dieser mächtigen Bäume war so dicht, dass ungeachtet des mangelhaften Laubes kein Sonnenstrahl hindurchdrang. Maren ging in dieser Rinne weiter; die plötzliche Kühle um sie her, das hohe dunkle Gewölbe der Wipfel über ihr; es schien ihr fast, als gehe sie durch eine Kirche. Plötzlich aber wurden ihre Augen von einem blendenden Lichte getroffen; die Bäume hörten auf und vor ihr erhob sich ein graues Gestein, auf das die grellste Sonne niederbrannte.

Maren selbst stand in einem leeren sandigen Becken, in welches sonst ein Wasserfall über die Felsen hinabgestürzt sein mochte, der dann unterhalb durch die Rinne seinen Abfluss in den jetzt verdunsteten See gehabt hatte. Sie suchte mit den Augen, wo wohl der Weg zwischen den Klippen hinaufführe. Plötzlich schrak sie zusammen. Denn das dort auf der halben Höhe des Absturzes konnte nicht zum Gestein gehören; wenn es auch ebenso grau war und starr wie dieses in der regungslosen Luft lag, so erkannte sie doch bald, dass es ein Gewand sei, welches in Falten eine ruhende Gestalt bedeckte. – Mit verhaltenem Atem stieg sie näher. Da sah sie es deutlich; es war eine schöne mächtige Frauengestalt. Der Kopf lag tief aufs Gestein zurückgesunken; die blonden Haare, die bis zur Hüfte hinabflossen, waren voll Staub und dürren Laubes. Maren betrachtete sie aufmerksam. »Sie muss sehr schön gewesen sein«, dachte sie, »ehe diese Wangen so schlaff und diese Augen so eingesunken waren. Ach, und wie bleich ihre Lippen sind! Ob es denn wohl die Regentrude sein mag? – Aber die da schläft nicht; das ist eine Tote! Oh, es ist entsetzlich einsam hier!«

Das kräftige Mädchen hatte sich indessen bald gefasst. Sie trat ganz dicht herzu, und niederkniend und zu ihr hingebeugt, legte sie ihre frischen Lippen an das marmorblasse Ohr der Ruhenden. Dann, all ihren Mut zusammennehmend, sprach sie laut und deutlich:

Dunst ist die Welle,
Staub ist die Quelle!
Stumm sind die Wälder,
Feuermann tanzet über die Felder!

Dunst **Nebel, zerstäubtes Wasser**

Da rang sich ein tiefer klagender Laut aus dem bleichen Munde hervor; doch das Mädchen sprach immer stärker und eindringlicher:

Nimm dich in Acht!
Eh du erwacht,
Holt dich die Mutter
Heim in die Nacht!

Da rauschte es sanft durch die Wipfel der Bäume und in der Ferne donnerte es leise wie von einem Gewitter. Zugleich aber, und, wie es schien, von jenseits des Gesteins kommend, durchschnitt ein greller Ton die Luft, wie der Wutschrei eines bösen Tieres. Als Maren empor sah, stand die Gestalt der Trude hoch aufgerichtet vor ihr.

»Was willst du?«, fragte sie.

»Ach, Frau Trude«, antwortete das Mädchen noch immer kniend. »Ihr habt so grausam lang geschlafen, dass alles Laub und alle Kreatur verschmachten will!«

Kreatur Lebewesen
verschmachten verdursten

Die Trude sah sie mit weit aufgerissenen Augen an, als mühe sie sich, aus schweren Träumen zu kommen. Endlich fragte sie mit tonloser Stimme: »Stürzt denn der Quell nicht mehr?«

»Nein, Frau Trude«, erwiderte Maren.

»Kreist denn mein Vogel nicht mehr über dem See?«

»Er steht in der heißen Sonne und schläft.«

»Weh!«, wimmerte die Regenfrau. »So ist es hohe Zeit. Steh auf und folge mir, aber vergiss nicht den Krug, der dort zu deinen Füßen liegt!«

Maren tat, wie ihr geheißen, und beide stiegen nun an der Seite des Gesteins hinauf. – Noch mächtigere Baumgruppen, noch wunderbarere Blumen waren hier der Erde entsprossen, aber auch hier war alles welk und düftelos. – Sie gingen an der Rinne des Baches entlang, der hinter ihnen seinen Abfall vom Gestein gehabt hatte. Langsam und schwankend schritt die Trude dem Mädchen voran, nur dann und wann die Augen traurig umherwendend. Dennoch meinte Maren, es bleibe ein grüner Schimmer auf dem Rasen, den ihr Fuß betreten, und wenn die grauen Gewänder über das dürre Gras schleppten, da rauschte es so eigen, dass sie immer darauf hinhören musste. »Regnet es denn schon, Frau Trude?«, fragte sie.

düftelos ohne Duft

»Ach nein, Kind, erst musst du den Brunnen aufschließen!«

»Den Brunnen? Wo ist denn der?«

Sie waren eben aus einer Gruppe von Bäumen herausgetreten. »Dort!«, sagte die Trude, und einige tausend Schritte vor ihnen sah Maren einen ungeheueren Bau emporsteigen. Er schien von grauem Gestein zackig und unregelmäßig aufgetürmt; bis in den Himmel, meinte Maren, denn nach oben hinauf war alles wie in Duft und Sonnenglanz zerflossen. Am Boden aber wurde die in riesenhaften Erkern vorspringende Fronte überall von hohen spitzbogigen Tor- und Fensterhöhlen durchbrochen, ohne dass jedoch von Fenstern oder Torflügeln selbst etwas zu sehen gewesen wäre.

Erker
überdachte Veranda
Fronte
die Front: die Vorderseite

Nachen **kleines Boot**
zerborsten **auseinander gebrochen**

Eine Weile schritten sie gerade darauf zu, bis sie durch den Uferabsturz eines Stromes aufgehalten wurden, der den Bau rings zu umgeben schien. Auch hier war jedoch das Wasser bis auf einen schmalen Faden, der noch in der Mitte floss, verdunstet; ein Nachen lag zerborsten auf der trockenen Schlammdecke des Strombettes.

»Schreite hindurch!«, sagte die Trude. »Über dich hat er keine Gewalt. Aber vergiss nicht, von dem Wasser zu schöpfen; du wirst es bald gebrauchen!«

rüstig **hier: schnell**

Als Maren, dem Befehl gehorchend, von dem Ufer herabtrat, hätte sie fast den Fuß zurückgezogen, denn der Boden war hier so heiß, dass sie die Glut durch ihre Schuhe fühlte. »Ei was, mögen die Schuhe verbrennen!«, dachte sie und schritt rüstig mit ihrem Kruge weiter. Plötzlich aber blieb sie stehen; der Ausdruck des tiefsten Entsetzens trat in ihre Augen. Denn neben ihr zerriss die trockene Schlammdecke und eine große braunrote Faust mit krummen Fingern fuhr daraus hervor und griff nach ihr.

»Mut!«, hörte sie die Stimme der Trude hinter sich vom Ufer her. Da erst stieß sie einen lauten Schrei aus und der Spuk verschwand.

»Schließe die Augen!«, hörte sie wiederum die Trude rufen.

Da ging sie mit geschlossenen Augen weiter; als sie aber das Wasser ihren Fuß berühren fühlte, bückte sie sich und füllte ihren Krug. Dann stieg sie leicht und ungefährdet am andern Ufer wieder hinauf.

Bald hatte sie das Schloss erreicht und trat mit klopfendem Herzen durch eines der großen offenen Tore. Drinnen aber blieb sie staunend an dem Eingange stehen. Das ganze Innere schien nur ein einziger unermesslicher

Raum zu sein. Mächtige Säulen von Tropfstein trugen in beinahe unabsehbarer Höhe eine seltsame Decke; fast meinte Maren, es seien nichts als graue riesenhafte Spinngewebe, die überall in Bauschen und Spitzen zwischen den Knäufen der Säulen herabhingen. Noch immer stand sie wie verloren an derselben Stelle und blickte bald vor sich hin, bald nach einer und der andern Seite, aber diese ungeheueren Räume schienen außer nach der Fronte zu, durch welche Maren eingetreten war, ganz ohne Grenzen zu sein; Säule hinter Säule erhob sich, und wie sehr sie sich auch anstrengte, sie konnte nirgends ein Ende absehen. Da blieb ihr Auge an einer Vertiefung des Bodens haften. Und siehe! Dort, unweit von ihr, war der Brunnen; auch den goldenen Schlüssel sah sie auf der Falltür liegen.

Während sie darauf zuging, bemerkte sie, dass der Fußboden nicht etwa, wie sie es in ihrer Dorfkirche gesehen, mit Steinplatten, sondern überall mit vertrockneten Schilf- und Wiesenpflanzen bedeckt war. Aber es nahm sie jetzt schon nichts mehr wunder.

Nun stand sie am Brunnen und wollte eben den Schlüssel ergreifen; da zog sie rasch die Hand zurück. Denn deutlich hatte sie es erkannt. Der Schlüssel, der ihr in dem grellen Licht eines von außen hereinfallenden Sonnenstrahls entgegenleuchtete, war von Glut und nicht von Golde rot. Ohne Zaudern goss sie ihren Krug darüber aus, dass das Zischen des verdampfenden Wassers in den weiten Räumen widerhallte. Dann schloss sie rasch den Brunnen auf. Ein frischer Duft stieg aus der Tiefe, als sie die Falltür zurückgeschlagen hatte, und erfüllte bald alles mit einem feinen feuchten Staube, der wie ein zartes Gewölk zwischen den Säulen emporstieg.

Tropfstein
→ Seite 256
Bauschen
der Bausch: Wulst, Bogen
Knäufen
der Knauf: kugelförmiger Griff, z. B. »Türknauf«

Sinnend und in der frischen Kühle aufatmend, ging Maren umher. Da begann zu ihren Füßen ein neues Wunder. Wie ein Hauch rieselte ein lichtes Grün über die verdorrte Pflanzendecke, die Halme richteten sich auf und bald wandelte das Mädchen durch eine Fülle sprießender Blätter und Blumen. Am Fuße der Säulen wurde es blau von Vergissmeinnicht; dazwischen blühten gelbe und braun-violette Iris auf und verhauchten ihren zarten Duft. An den Spitzen der Blätter klommen Libellen empor, prüften ihre Flügel und schwebten dann schillernd und gaukelnd über den Blumenkelchen, während der frische Duft, der fortwährend aus dem Brunnen stieg, immer mehr die Luft erfüllte und wie Silberfunken in den hereinfallenden Sonnenstrahlen tanzte.

Iris Schwertlilien

gaukelnd hier: schwankend schweben

Indessen Maren noch des Entzückens und Bestaunens kein Ende finden konnte, hörte sie hinter sich ein behagliches Stöhnen wie von einer süßen Frauenstimme. Und wirklich, als sie ihre Augen nach der Vertiefung des Brunnens wandte, sah sie auf dem grünen Moosrande, der dort empor gekeimt war, die ruhende Gestalt einer wunderbar schönen blühenden Frau. Sie hatte ihren Kopf auf den nackten glänzenden Arm gestützt, über den das blonde Haar wie in seidenen Wellen herabfiel, und ließ ihre Augen oben zwischen den Säulen an der Decke wandern.

Auch Maren blickte unwillkürlich hinauf. Da sah sie nun wohl, dass das, was sie für große Spinngewebe gehalten, nichts anderes sei als die zarten Florgewebe der Regenwolken, die durch den aus dem Brunnen aufsteigenden Duft gefüllt und schwer und schwerer wurden. Eben hatte sich ein solches Gewölk in der Mitte der Decke abgelöst und sank leise schwebend herab, sodass Ma-

Florgewebe feiner schleierartiger Stoff

ren das Gesicht der schönen Frau am Brunnen nur noch wie durch einen grauen Schleier leuchten sah. Da klatschte diese in die Hände und sogleich schwamm die Wolke der nächsten Fensteröffnung zu und floss durch dieselbe ins Freie hinaus.

»Nun!«, rief die schöne Frau. »Wie gefällt dir das?« Und dabei lächelte ihr roter Mund und ihre weißen Zähne blitzten.

Dann winkte sie Maren zu sich und diese musste sich neben ihr ins Moos setzen; und als eben wieder ein Duftgewebe von der Decke niedersank, sagte sie: »Nun klatsch in deine Hände!«

Und als Maren das getan und auch diese Wolke, wie die erste, ins Freie hinausgezogen war, rief sie: »Siehst du wohl, wie leicht das ist! Du kannst es besser noch als ich!« Maren betrachtete verwundert die schöne übermütige Frau.

»Aber«, fragte sie, »wer seid Ihr denn so eigentlich?«

»Wer ich bin? Nun, Kind, bist du aber einfältig!« Das Mädchen sah sie noch einmal mit ungewissen Augen an; endlich sagte sie zögernd: »Ihr seid doch nicht gar die Regentrude?«

»Und wer sollte ich denn anders sein?«

»Aber verzeiht! Ihr seid ja so schön und lustig jetzt!«

Da wurde die Trude plötzlich ganz still. »Ja«, rief sie, »ich muss dir dankbar sein. Wenn du mich nicht geweckt hättest, wäre der Feuermann Meister geworden, und ich hätte wieder hinabmüssen zu der Mutter unter die Erde.«

Mutter unter der Erde
→ Seite 256

[...]

Justinus Kerner

Goldener 1811

Es sind wohl zweitausend Jahre oder noch länger, da hat in einem dichten Walde ein armer Hirt gelebt, der hatte sich ein bretternes Haus mitten im Walde erbaut, darin wohnte er mit seinem Weib und sechs Kindern; die waren alle Knaben. An dem Hause war ein Ziehbrunnen und ein Gärtlein, und wann der Vater das Vieh hütete, so gingen die Kinder hinaus und brachten ihm zu Mittag oder zu Abend einen kühlen Trunk aus dem Brunnen oder ein Gericht aus dem Gärtlein.

wann wenn

Den jüngsten der Knaben riefen die Eltern nur Goldener, denn seine Haare waren wie Gold, und obgleich der jüngste, so war er doch der stärkste von allen und der größte.

Sooft die Kinder hinausgingen, so ging Goldener mit einem Baumzweige voran, anders wollte keines gehen, denn jedes fürchtete sich, zuerst auf ein Abenteuer zu stoßen; ging aber Goldener voran, so folgten sie freudig eins hinter dem andern nach, durch das dunkelste Dickicht, und wenn auch schon der Mond über dem Gebirge stand.

Eines Abends ergötzten sich die Knaben auf dem Rückweg vom Vater mit Spielen im Walde, und hatte sich Goldener vor allen so sehr im Spiele ereifert, dass er so hell aussah, wie das Abendrot. »Lasst uns zurückgehen!«, sprach der Älteste, »es scheint dunkel zu werden.«

»Seht da, der Mond!«, sprach der Zweite. Da kam es licht zwischen den dunklen Tannen hervor und eine Frauengestalt wie der Mond setzte sich auf einen der moosi-

licht hell, strahlend

gen Steine, spann mit einer kristallenen Spindel einen lichten Faden in die Nacht hinaus, nickte mit dem Haupte gegen Goldener und sang:

Der weiße Fink', die goldne Ros',
Die Königskron' im Meeresschoß.

Spindel s.o. Stichwort »Flachs«

Sie hätte wohl weiter gesungen, da brach ihr der Faden und sie erlosch wie ein Licht. Nun war es ganz Nacht, die Kinder fasste ein Grausen, sie sprangen mit kläglichem Geschrei das eine dahin, das andere dorthin, über Felsen und Klüfte, und verlor eins das andere.

Klüfte die Kluft: der Abgrund

Wohl viele Tage und Nächte irrte Goldener in dem dicken Wald umher, fand auch weder einen seiner Brüder, noch die Hütte seines Vaters, noch sonst die Spur eines Menschen: denn es war der Wald gar dicht gewachsen, ein Berg über den andern gestellt und eine Kluft unter die andere.

Die Braunbeeren, welche überall herumrankten, stillten seinen Hunger und löschten seinen Durst, sonst wär' er gar jämmerlich gestorben. Endlich am dritten Tage, andere sagen gar erst am sechsten, wurde der Wald hell und immer heller, und da kam er zuletzt hinaus auf eine schöne, grüne Wiese. Da war es ihm so leicht um das Herz, er atmete mit vollen Zügen die freie Luft ein.

Auf derselben Wiese waren Garne ausgelegt, denn da wohnte ein Vogelsteller, der fing die Vögel, die aus dem Wald flogen und trug sie in die Stadt zu Kaufe.

Vogelsteller Vogelfänger (stellt Fallen)

»Solch ein Bursch' ist mir gerade vonnöten«, dachte der Vogelsteller, als er Goldener erblickte, der auf der grünen Wiese nah den Garnen stand und in den weiten blauen Himmel hineinsah und sich nicht satt sehen konnte.

Der Vogelsteller wollte sich einen Spaß machen, er zog seine Garne und husch! war Goldener gefangen und lag unter dem Garne gar erstaunt, denn er wusste nicht, wie das geschehen war. »So fängt man die Vögel, die aus dem Walde kommen«, sprach der Vogelsteller laut lachend; »deine roten Federn sind mir eben recht. Du bist wohl ein verschlagener Fuchs; bleibe bei mir, ich lehre dich auch die Vögel fangen.«

ihm deuchte es schien ihm

Goldener war gleich dabei, ihm deuchte unter den Vögeln ein gar lustig Leben, zumal er ganz die Hoffnung aufgegeben hatte, die Hütte seines Vaters wiederzufinden.

»Lass erproben, was du gelernt hast«, sprach der Vogelsteller nach einigen Tagen zu ihm. Goldener zog die Garne, und bei dem ersten Zug fing er einen schneeweißen Finken.

»Packe dich mit diesem weißen Finken!«, schrie der Vogelsteller, »du hast es mit dem Bösen zu tun!«, und so stieß er ihn gar unsanft von der Wiese, indem er den weißen Finken, den ihm Goldener gereicht hatte, unter vielen Verwünschungen mit den Füßen zertrat. Goldener konnte die Worte des Vogelstellers nicht begreifen; er ging getrost wieder in den Wald zurück und nahm sich noch einmal vor, die Hütte seines Vaters zu suchen.

Er lief Tag und Nacht über Felsensteine und alte, gefallene Baumstämme, fiel auch gar oft über die schwarzen Wurzeln, die aus dem Boden überall hervorragten. Am dritten Tag aber wurde der Wald heller und immer heller und da kam er endlich hinaus und in einen schönen, lichten Garten, der war voll der lieblichsten Blumen, und weil Goldener so was noch nie gesehen, blieb er voll Verwunderung stehen. Der Gärtner im Garten bemerkte ihn nicht so bald, denn Goldener stand unter den Sonnenblumen und seine Haare glanzten im Sonnenschein nicht anders, als so eine Blume.

»Ha!«, sprach der Gärtner, »solch einen Burschen hab' ich gerade vonnöten«, und schloss das Tor des Gartens. Goldener ließ es sich gefallen, denn ihm deuchte unter den Blumen ein gar buntes Leben, zumal er ganz die Hoffnung aufgegeben hatte, die Hütte seines Vaters wiederzufinden.

»Fort in den Wald!«, sprach der Gärtner eines Morgens zu Goldener, »hol' mir einen wilden Rosenstock, damit ich zahme Rosen darauf pflanze!« Goldener ging und kam mit einem Stock der schönsten goldfarbenen Rosen zurück, die waren auch nicht anders, als hätte sie der geschickteste Goldschmied für die Tafel eines Königs geschmiedet.

»Packe dich mit diesen goldenen Rosen«, schrie der Gärtner, »du hast es mit dem Bösen zu tun!«, und so stieß er ihn gar unsanft aus dem Garten, indem er die goldenen Rosen unter vielen Verwünschungen in die Erde trat. Goldener konnte die Worte des Gärtners nicht begreifen; er ging getrost wieder in den Wald zurück und nahm sich nochmals vor, die Hütte seines Vaters zu suchen.

Er lief Tag und Nacht von Baum zu Baum, von Fels zu Fels. Am dritten Tag endlich wurde der Wald hell und immer heller und da kam Goldener hinaus und an das blaue Meer, das lag in einer unermesslichen Weite vor ihm. Die Sonne spiegelte sich eben in der kristallenen Fläche, da war es wie fließendes Gold, darauf schwammen schön geschmückte Schiffe mit langen, fliegenden Wimpeln.

Fischerbarke
Fischerboot

Eine zierliche Fischerbarke stand am Ufer, in die trat Goldener und sah mit Erstaunen in die Helle hinaus.

»Ein solcher Bursche ist uns gerade vonnöten«, sprachen die Fischer und husch! stießen sie vom Lande. Goldener ließ es sich gefallen, denn ihm deuchte bei den Wellen ein goldenes Leben, zumal er ganz die Hoffnung aufgegeben hatte, seines Vaters Hütte wiederzufinden.

Die Fischer warfen ihre Netze aus und fingen nichts. »Lass sehen, ob du glücklicher bist!«, sprach ein alter Fischer mit silbernen Haaren zu Goldener. Mit ungeschickten Händen senkte Goldener das Netz in die Tiefe, zog und fischte eine Krone von hellem Golde.

»Triumph!«, rief der alte Fischer und fiel Goldener zu Füßen, »ich begrüße dich als unsern König! Vor hundert

Jahren versenkte der alte König, welcher keinen Erben hatte, sterbend seine Krone im Meer, und so lange, bis irgendeinen Glücklichen das Schicksal bestimmt hätte, die Krone wieder aus der Tiefe zu ziehen, sollte der Thron ohne Nachfolger in Trauer gehüllt bleiben.«

»Heil unserem König!«, riefen die Fischer und setzten Goldener die Krone auf. Die Kunde von Goldener und der wiedergefundenen Königskrone erscholl bald von Schiff zu Schiff und über das Meer weit in das Land hinein. Da war die goldene Fläche bald mit bunten Nachen bedeckt und mit Schiffen, die mit Blumen und Laubwerk geziert waren. Diese begrüßten alle mit lautem Jubel das Schiff, auf welchem König Goldener stand. Er stand, die helle Krone auf dem Haupte, am Vorderteile des Schiffes und sah ruhig der Sonne zu, wie sie im Meer erlosch.

Nachen kleines Boot

Das Geheimnis der schlafenden Schönen

Die schlafende Schöne.
Scherenschnitt von Hedwig Goller, 1983

Schneewittchen und die zwölf Räuber

Märchen aus der Schweiz

Im Bergdorf lebte eine Frau, die ihrer Schönheit willen weitum gerühmt wurde. Ihr Mann war gestorben und zwei Kinder wurden groß, das eine hässlich, das andere schlank und anmutig wie eine Blume. Derweil ihr aber niemand sagte, sie sei hübsch, wusste sie es nicht, sondern blieb einfach und bescheiden und ertrug die Kränkungen der älteren Schwester, die sie beneidete, in stiller Demut. Allein, da war auch die Mutter, die, auf ihre Schönheit eitel, keine duldete, die sie an Gestalt und Glanz übertraf und den Duft der Lieblichkeit ausströmte.

Eines Tages humpelte ein schitteres Weiblein daher, wischte die Nase und rammte den Stock in die Erde. »He, he, schöne Frau, du meinst die Rose am Berg zu sein? Ja, ja, wenn nicht die andere wäre, dein feines Töchterchen, die Seraphine, die aufsprießt zu aller Lust und Wonne!« Blass und grau vor Neid und Missmut drehte die Mutter sich auf der Treppe um nach Seraphine, die just aus dem Dorf kam. Sie musste es selber eingestehen, ihr Kind war schöner als sie. Dieser Wuchs, die frischen Wangen, Augen wie eine Gämse und das zauberische Lächeln auf den Lippen. »Mutter, was hast du?«, rief Seraphine bestürzt. »Ist dir nicht gut?«

schitteres gebrechliches, altersschwaches

»Ich mag dich nicht mehr sehen und hören. Du bist groß und alt genug, dich selber durch den Tag zu bringen. Fort auf der Stelle, pack dich!«

»O Mutter, was hab' ich dir zuleid getan?«

»Fort, fort und kehr' nicht mehr zurück!« Krachend flog die Tür ins Schloss und es knarrte der Riegel.

»Was hab' ich wohl verbrochen, warum werde ich verstoßen?«, schluchzte das Mädchen und lief das Dorf hinaus, durch Flur und Weide, immerzu dem Weg nach. Sie pflückte Beeren und knusperte die Brotrinde, die sie noch in der Tasche fand, und als sie ein wildes Tier brummen hörte, kehrte sie schleunigst um und suchte der Wildnis zu entfliehen. Immer tiefer geriet sie in den Wald, dunkel ward es, stockfinstere Nacht. »Was tu ich, wo finde ich den Ausgang, ach, Gott im Himmel, steh mir bei!« Am ganzen Leibe zitternd, sank sie auf einen Stein und betete.

Da sah sie ein Lichtlein schimmern. An das Licht sich klammernd eilte sie und die Füße trugen sie vor ein großes doppeltüriges Haus. Mit pochendem Herzen spähte sie durch das erleuchtete Fenster und zählte eins, zwei, fünf, zwölf bärtige, knorrige Gesellen, die rund um den Tisch saßen und grobe Reden führten. Aus den verwegenen Augen blitzten Übermut und Grausamkeit. »Gewiss ein Räuberhaus! Wo flieh' ich hin?« Sie rannte davon und kroch in eine Höhle, die in der Nähe sich öffnete, empfahl sich der Vorsehung und schlief ein.

Als die Vögel musizierten und der Morgen in die Höhle hineinleuchtete, erwachte sie. Furchtsam trat sie ins Freie und sah das große Haus, in dem die Räuber wohnten. Die Tür ging auf; und einer nach dem andern, mit Spieß und Schwert bewaffnet, überschritten sie die Schwelle und schlugen sich in den Wald. Ihrer elf zählte sie, also musste einer zurückgeblieben sein.

Rauch ringelte aus dem Kamin und bald ging auch der Letzte und das Haus war verlassen. Zaghaft schlich sie sich hinüber, öffnete die Pforte, die nicht verschlossen war, und es duftete so herrlich von frisch gebackenem Brot, dass ihr das Wasser im Munde zusammenlief. Sie nahm einen braunen Laib aus dem Backofen heraus. Jetzt konnte sie doch ihren Hunger stillen.

Aus Laub und Zweigen machte sie sich in der Höhle ein Lager zurecht und als der zweite Morgen graute und die Männer sich entfernt hatten, ging sie wieder hin, stahl ein Brot aus dem Ofen und trug es ins Versteck. Die zwölf Räuber legten sich tagsüber an die Straße, überfielen und plünderten die Säumerzüge und kehrten mit der Beute beladen nach Hause zurück.

Säumerzüge **Trupps mit Lasttieren**

»Pfister, du bist nicht bei Trost«, sagte der Älteste, »schon wieder fehlt ein Brot auf dem Tisch!«

»Gewiss hab' ich heute so gut wie gestern zwölf Brote geknetet und in den Ofen geschoben« , rief der Bäcker. »Es muss ein Dieb in der Nähe sein.« Da schrie und lärmte die Bande: »Pfister, du bist ein Tölpel und hast Spinnweben im Hirn. Wer wollte sich erkühnen, in unser Revier zu kommen, just ein Brot zu stibitzen und die Schätze zurückzulassen? Ein Schelm würde doch den ganzen Ofen ausräumen!«

»Nur ruhig Blut, wenn ich den Dieb nicht ertappe, so könnt ihr mich hängen!«

Am nächsten Morgen wartete Seraphine, bis die Räuber das Haus verließen. Im Glauben, auch der Bäcker sei fortgegangen, schritt sie ahnungslos zur Tür und nach dem Backofen, der wieder herrlich duftete, und bediente sich. Oh, wie sie zusammenfuhr, als der Bäcker hinter der Mulde hervorsprang und nach den braunen Zöpfen griff! »Ein famoser Fang!«, triumphierte er, ließ augenblicks los und verstummte. Dieses Seidenhaar, die Augen und das Mädchen wie Schnee und Unschuld! So etwas hatte er noch nie gesehen, so etwas hatten seine Tatzen noch nie berührt. Und doch, und doch, sein eigen Kind, das er einst besessen, geliebt und in der Reinheit seiner Jugend der Erde hatte übergeben müssen! War es nicht vor zehn Jahren, hat ihn nicht der Tod seines Lieblings, das böse Schicksal, die Verzweiflung, zum Räuber gemacht?

»Verzeih mir, liebes Mädchen«, stammelte er, von der Erinnerung und der lieblichen Erscheinung noch ganz benommen. »Ich wollte dir nicht wehtun. Iss und trink,

hier ist Brot und Käse, hier ist Honig und Milch, die ich im Ofen wärme. Ich will dich behüten, als ob du mein leibhaftig Töchterchen wärest. Nebenan ist eine Kammer. Ich bleibe heute zu Hause, du darfst dir das Stübchen einrichten und sollst alles haben, was dein Mund und Herz begehrt!«

Als die Gefährten heimkehrten und sich zum Mahle niederließen, sagte der Bäcker: »Ei, hab' ich endlich den Dieb erwischt, ein gar putziges, niedliches Waldvöglein, das noch sehr scheu und frostig tut!«

»Ein Mädchen, ist's möglich, ein Mädchen?«

»Wollt ihr sie schauen, wollt ihr artig sein und wie die Schulbuben die Arme verschränken, wenn sie erscheint? Sie ist nicht wie wir, sie soll für uns beten und uns den Himmel wiedergewinnen! Nein, bei meiner Seligkeit, ich gehe nicht mehr auf Raub und Plünderung! Ein Weilchen und euch wird wie mir geschehen!«

Damit schloss er die Tür auf und winkte Seraphine, die in der Kammer alles gehört hatte, und lud sie höflich ein, oben am Tisch zu sitzen.

Unschlüssig und nicht ohne Bangen trat sie aus dem Stübchen und die Männer, von ihrem Liebreiz bezaubert, grüßten ehrerbietig und sagten, es werde ihr keiner ein Haar krümmen, sie möchte bei ihnen bleiben und nach dem Rechten sehen. Sie nannten alle ihre Namen: Strelti, Belti, Rotschi, Polschi, Pix, Pux, Mux, Mutti, Dübelbeiß und Eichiboz, Schlaginhaufen, Schwingitotz.

Sie musste die spaßigen Namen wiederholen, vorwärts und rückwärts hersagen, und ehe das Mahl vorüber war, kannte sie sie alle ohne Fehl.

Der Älteste strich seinen weißen Bart und sagte: »Es

ist Zeit, dass wir uns bekehren und ein anderes Leben führen. Wir wollen nicht mehr stehlen und rauben, denn wir haben ja unser Auskommen. Wir wollen nützliche Arbeit verrichten und die Straße im Wald verbessern. Das liebe Kind ist ein Geschenk des Himmels, ihm sei Lob und Ehre!«

»Seraphine richtet uns immer das Abendbrot«, rief der Bäcker begeistert, »das Essen wird reichlicher und schmeckt uns doppelt so gut. Willst du hier bleiben und unser Schutzengel sein?«

»Wenn ihr immer so freundlich seid mit mir, so bleibe ich gerne!«, erwiderte sie.

»So ist es recht, bravo, bravo!«, brauste es in der Runde und die Männer leerten eine Kanne um die andere auf ihre Gesundheit, bis sie betrunken unter den Tisch fielen. Als sie am Morgen fortzogen, um die Straße in Angriff zu nehmen, ermahnte der Bäcker: »Seraphine, schließ die Tür von innen und lass niemand herein! Gute Menschen meiden diese Stätte!«

Unterdessen war zwischen Mutter und Tochter am Berg kein Wort mehr von Seraphine gesprochen worden. Gewiss hatten die wilden Tiere sie überfallen und getötet. Die Mutter war wieder die Schönste und konnte sich neidlos bewundern lassen.

Eines Tages erschien wieder das Weiblein und streckte die dürren Finger nach dem offenen Fenster, an dem die stolze Frau stand, um sich den Vorübergehenden zu zeigen und an den Schmeichelrufen zu laben. »Hoho, hihi, du glaubst, die Schönste am Berg zu sein; schlag es dir aus dem Kopf! Seraphine pflegt sich bei den Räubern im Wald, sie ist die schönste Rose im Land!«

»Ist sie denn nicht tot?«, rief die Mutter, grün und blau vor Ärger. »Ohne Speise ist sie von uns gegangen und hat nichts mehr von sich hören lassen. Flink, flink, zu den Räubern im Wald und mach', dass ich Ruhe bekomme!« Das Weiblein kleidete sich als Krämerin und zog durch den Forst zum Räuberhaus, pochte an die Tür und Seraphine guckte durchs Schiebfensterchen, wer draußen sei. »Ich bin's, die Krämerin, halte köstliche Sachen feil, Röcke, Kopftücher, Bänder und Hemden, mach' auf!« – »Geh nur deines Weges, ich darf nicht aufschließen!« – »Schau das Röcklein, grad wie für dich geschnitten, und das Hemd hier, von der feinsten Seide! Den Riegel auf und ich pass' es dir an den Leib!«

»So komm und kleide mich neu und ich brauche mich meiner Lumpen nicht mehr zu schämen!« Die Tür klappte auf und als Seraphine in das Hemd schlüpfte, fiel sie wie vom Schlag getroffen zu Boden. Die Alte lachte, schlug die Tür zu und steckelte eilig davon.

steckelte **trippelte**

Als die Männer nach Einbruch der Dunkelheit heimkehrten, wie sie da erschraken und wehklagten! »Sie atmet noch und lebt«, rief einer, und flink trug der alte Dübelbeiß sie in ihr Stübchen, zog ihr das neue Hemd aus, die alten Kleider wieder an und sie öffnete die Augen, erhob sich und war wieder wie zuvor. Sie erzählte, was sich zugetragen hatte. Der Bäcker verbrannte das neue Hemd im Ofen und nahm ihr das Versprechen ab, keinem Menschen mehr die Tür aufzumachen.

Nach einiger Zeit kehrte das Weiblein bei der bösen Mutter ein. »Hoho, hihi, schön bist du immer noch; jedoch die Schönste nicht! Die Räuber im Wald, sie hegen und pflegen das schönste der Röslein im Land.« – »Lebt sie immer noch? Wofür hab' ich dir den großen Lohn bezahlt?« Wie eine Hummel schoss die Frau in der Stube herum.

»Die Räuber haben ihr das Hemd weggenommen und da ist sie vom Tod auferstanden. Gib mir den Lohn und ich schaff' es, dir zur Freud und den andern zum Leid!« Auf einem Eselchen ritt sie in den Wald, fremdartig aufgeputzt. Als sie an die Pforte des Räuberhauses klopfte, rief Seraphine, sie öffne nicht, sie dürfe niemand hereinlassen. »So wende deine Augen, schönes Kind, und guck', was ich mitgebracht habe: Goldene Ketten, Spangen und hier ein glänzendes Ringlein für dich; dreimal links und dreimal rechts um, und was du dir wünschest, wird erfüllt!«

Geschmeide Schmuck

Von dem Gefunkel des kostbaren Geschmeides verwirrt, öffnete Seraphine die Haustür und kaum saß der Ring am Finger, brach sie mit einem Schrei wie tot zusammen.

»So, nun hast du ausgepfiffen, schönes Waldvögelchen!«, krächzte das Weib und ritt von dannen.

Schlimmes ahnend, stürzten die Männer des Abends durch die offene Pforte, trugen die Leblose in ihr Stübchen und untersuchten in aller Hast ihre Kleider. Da sie nirgends etwas Verdächtiges entdecken konnten und Seraphine nicht mehr aufwachen wollte, jammerten sie und trauerten Tag und Nacht. Schwingitotz fertigte einen gläsernen Schrein, sie betteten ihren Liebling auf weiche Kissen und stellten den Sarg in den Schatten einer Tanne. Der Bäcker aber, als das Mädchen so schön und friedlich schlummerte und nicht mehr aufwachen wollte, geriet außer sich, tobte und heulte, er könne ohne sein Waldvögelein nicht mehr leben, zog das Schwert und stieß es sich mitten ins Herz. Seine Gefährten taten dasselbe und starben in derselben Stunde.

In dem Wald wurde eine große Jagd abgehalten. Der Graf und seine Diener verirrten sich zu dem Räuberhaus und entdeckten den gläsernen Sarg, in dem Seraphine ruhte und die zwölf Männer daneben, die sich das Leben genommen hatten. »Die Gesellen sind alle tot«, bemerkte der Diener, »das schöne Mädchen jedoch ist sicher nur scheintot. Die Nasenflügelchen, ei, seht doch, wie sie sich leise bewegen!«

»Und was ist das für ein sonderbarer Ring?«, sagte der Graf, hob sachte den Deckel und streifte den Ring vom Finger. Sogleich öffneten sich die Augen des Mädchens, sie atmete heftig, stützte sich auf und stieg aus dem Sarge. »Was ist geschehen?«, rief sie schmerzerfüllt. »Meine Freunde sind alle tot!«

»Weil sie ohne dich nicht mehr leben konnten«, sagte der Graf, von ihrer Schönheit gebannt.

»Willst du nicht meine Frau werden und auf mein Schloss kommen?« Treuherzig bot er ihr die Hand.

»Wenn du mich lieb hast, so will ich dir folgen und eine treue Gattin sein. Zuvor jedoch müssen meine Freunde bestattet werden.«

»Mein Diener wird die Toten rechtmäßig und in Ehren der Erde übergeben. Mein Gefolge erwartet mich und wir reiten zusammen auf die Burg.«

Nach der Hochzeit ließ der Graf das Gut der Räuber einziehen und den Armen zufließen. Von Mutter und Schwester hat die junge Gräfin nicht mehr gehört, als dass sie beide an einer bösen Krankheit gestorben sind.

Die Königstochter im Zauberturm

Märchen aus Griechenland

Vor langer Zeit lebte einmal ein König, der war der mächtigste, reichste und gerechteste unter allen Königen. Deshalb liebte ihn Gott. Dieser König war so tugendhaft, dass er keine Frau nehmen wollte und sein Leben lang unverheiratet blieb. Weil er ohne Frau aber auch keine Kinder hatte, grämte er sich sehr. Eines Tages saß er allein, weinte und klagte über seine Kinderlosigkeit, denn er fürchtete, es könnte dereinst ein Unwürdiger auf seinem Thron sitzen. Da erschien ihm ein Engel und sprach: »Weine nicht! Du wirst ein Kind aus deiner Wade bekommen!«

Bald darauf schwoll des Königs eine Wade und wurde zusehends umfangreicher. Als er sich einmal auf der Jagd befand, riss ihm ein Dorn eine tiefe Wunde hinein. Da sprang plötzlich ein wunderschönes Mädchen aus seiner Wade. Es war wie ein Krieger gekleidet, mit einem Helm auf dem Kopf und einer Lanze in der Hand. Kaum aber hatte die Königstochter das Sonnenlicht erblickt, da wurde sie von einer bösen Hexe, einer Làmnissa, gepackt und im Nu in einen großen schönen Turm gebracht. Verzaubert sank sie dort sogleich in tiefen Schlaf.

Zu dieser Zeit lebte in einem Nachbarland ein König. Der wollte gerade seinen einzigen Sohn verheiraten. Der junge Prinz aber hatte schon so viel von der unvergleichlich schönen, verzauberten Königstochter gehört, dass er beschloss, sie zu erlösen und für sich zu gewinnen.

Weil er jedoch nicht wusste, welche Aufgaben ihm bevorstanden, fragte er eine Zauberin um Rat. Die weise

Frau antwortete: »Nimm drei Lasttiere, belade das eine mit Fleisch, das andre mit Getreide und das dritte mit Wasserflöhen. Ziehe aus mit ihnen, bis du vor ein verwittertes, vor Alter fast einstürzendes Tor gelangst, über dem geschrieben steht:

Eine Wade meine Mutter,
Ein Dornbusch meine Hebamme.

Wasserflöhe kleine Nahrungstiere für Jungfische

Hebamme Geburtshelferin

Hier rufe sogleich: ›Ach, was ist das für ein schönes Tor!‹, steige vom Pferd und reinige es. So wird es nicht über dir zusammenbrechen, sondern dich unbeschädigt hindurchlassen. Jenseits des Tores werden sich hungrige Löwen auf dich stürzen. Wirf ihnen das Fleisch vor und sei guten Mutes. Gleich darauf gerätst du in einen riesigen Ameisenschwarm, der dich verzehren will. Gib ihm das Getreide, so wird er dich verschonen. Dann musst du einen Fluss überqueren, in dem ein gewaltiger Fisch lebt. Auch er will dich verschlingen. Wenn du ihm aber die Säcke mit den Wasserflöhen gibst, wird er zufrieden sein.«

Nach diesen Anweisungen rüstete sich der junge Prinz für die Reise und machte sich am nächsten Morgen auf den Weg. Er kam zu dem Tor, pries und reinigte es und ging ungefährdet hindurch. Schon näherten sich die Löwen. Doch als sie das vorgeworfene Fleisch gefressen hatten, sagten sie: »Nimm diese drei Haare aus unseren Mähnen! Wenn du uns brauchst, verbrenne sie und im gleichen Augenblick werden wir bei dir sein.« Der junge Prinz ging weiter und schüttete alsbald den wimmelnden Ameisen das mitgebrachte Getreide hin. Er bekam von ihnen ein Flügelchen, das er auch verbrennen sollte, wenn er in Not geriete. Nun musste er noch über den Fluss, aus dem ein gewaltiger Fisch auftauchte, der ihn verschlingen wollte. Flink leerte er vor ihm seine Säcke mit Wasserflöhen und erreichte ungehindert das andere Ufer. Der Fisch schenkte ihm eine seiner Schuppen und sagte: »Wenn du mich brauchst, wirf sie ins Feuer!«

Schließlich hatte der Prinz den Turm erreicht. Als er eintrat, erwachte die Königstochter. In diesem Augenblick hatte sie gerade vierzig Tage und Nächte geschlafen. Als sie die Augen aufschlug und den fremden jungen Mann erblickte, sagte sie: »Du also wirst mich befreien. Doch du musst vorher drei Aufgaben erfüllen. Die alte Hexe, die Làmnissa, wird dich in einen großen Raum einschließen, in dessen einer Hälfte viertausend Rinder stehen. Die andere Hälfte des Raumes ist mit einer Mischung aus Weizen, Gerste und Mais gefüllt. Nun musst du in einem einzigen Tag die Rinder schlachten, ihre Eingeweide und Häute, ihr Fleisch und ihre Knochen in einzelne Haufen ordnen. Am selben Tag aber sollst du auch die Getreidekörner verlesen und jeder Sorte ihren Platz zuweisen. Hast du das geschafft, dann wird die Làmnissa am Abend eine Nadel in den Fluss werfen, die du in einer Viertelstunde wieder finden musst.«

So geschah es. Am nächsten Morgen wurde der Prinz in den großen Raum eingeschlossen. Da zog er die drei Löwenhaare aus der Tasche und warf sie ins Feuer. Sogleich waren die Löwen zur Stelle, rissen die Rinder und ordneten säuberlich Teil um Teil. Nun warf der Prinz auch den Ameisenflügel ins Feuer und augenblicklich wimmelte es von Ameisen, die in kurzer Zeit Weizen, Gerste und Mais voneinander getrennt hatten. Am Abend kam die Làmnissa mit der Königstochter herein und staunte nicht schlecht über die vollbrachte Arbeit. Der Prinz aber wusste, was ihm noch bevorstand und warf heimlich auch die Fischschuppe ins Feuer.

Die Alte führte ihn zum Floß und warf die Nadel hinein. Als der Prinz ins Wasser sprang, hatte sie der Fisch schon im Maul und brachte sie ihm. Mit der Nadel in der Hand stieg der Prinz aus dem Wasser. Er reichte sie der Làmnissa, nahm seine Braut bei der Hand und setzte mit ihr ans andere Flussufer über, an dem die Löwen und Ameisen lebten. Doch die Làmnissa wollte die Königstochter immer noch nicht gehen lassen. Sie befahl den Löwen und Ameisen, den Prinzen zu fressen, aber die Tiere wollten ihm nichts tun. Da eilte sie selber den Fliehenden nach. Als die Königstochter sah, dass sie verfolgt wurden, warf sie schnell ein paar Haare hinter sich, aus denen ein großer See entstand. Den konnte die Làmnissa nicht überqueren. Voller Zorn zog sich die Làmnissa in ihren Turm zurück.

Der Prinz brachte seine Braut glücklich nach Hause und bald wurde eine prächtige Hochzeit gefeiert. Und Gott, der die Königstochter sehr liebte, schenkte ihr als Mitgift die Gabe, in die Zukauft zu schauen. So erhob er sie in den Rang einer Göttin.

Die Geschichte vom Kristallpalast und dem Diamantschiff

Märchen aus der Türkei

Padischah Titel islamischer Fürsten

Hodscha geistlicher Lehrer

In früherer Zeit lebte ein Padischah, dessen Kinder in der Welt nicht am Leben blieben, sondern immer starben. Eines Tages kam dem Padischah eine Tochter zur Welt. Der Arzt und der Hodscha, die damals horoskopische Untersuchungen anstellten, erklärten: »Mein Padischah! Wir wollen für deine Tochter unter der Erde eine Grube machen lassen. Dorthin soll sie gehen und dort aufwachsen, da es keinen anderen Ausweg gibt.«

Dem Padischah gefiel diese Rede. Alsbald wurde unter der Erde eine Grube angelegt, die an allen vier Ecken wohl gestützt war. Darauf brachte man das Kind in die Grube. Der Padischah ernannte eine Kinderfrau, die ihm morgens und abends sein Essen brachte. Um es kurz zu sagen: Das Kind wurde hier vierzehn bis fünfzehn Jahre alt. An Schönheit hatte es nicht seinesgleichen und an Lieblichkeit und Vollkommenheit war es unvergleichlich.

Eines Tages langweilte sich das Mädchen an dem erwähnten Ort und stellte alle Stühle, die in der Grube vorhanden waren, übereinander und stieg nach oben. Sie zerbrach die Glasscheibe, steckte den Kopf hinaus und sah ein großes Weltmeer vor sich. Als die Sonne darauf strahlte, glänzte es so, dass man mit den Augen nicht hinsehen konnte. Sie dachte: »Ach, wenn die Erde ein Unten hat, muss sie auch ein Oben haben«, und wunderte sich einige Zeit. Dann stieg sie wieder hinunter und hielt sich an ihrem Platz auf. Danach erschien die Kinderfrau. Als sie bemerkte, dass die Glasdecke zerbrochen war, fragte sie das Mädchen: »Wer hat die Scheibe zerbrochen?« Da begann die Prinzessin zu reden und sprach: »Führt mich von hier fort, sonst bringe ich mich um.« Die Kinderfrau machte kehrt und ging sofort zum Padischah. Als sie die Worte, die die Prinzessin gesprochen hatte, eins nach dem anderen vorgetragen hatte, ließ er sofort Ärzte zusammenrufen. Nachdem sie wieder eine horoskopische Untersuchung vorgenommen hatten, sagten sie: »Mein Padischah, lasst sie herausgehen, aber nicht sofort. Sie soll sich erst draußen ein wenig ergehen, bis sie ihre Augen daran gewöhnt hat; danach bringt sie wieder in die Grube.«

Die Kinderfrau ging, führte die Prinzessin aus der Grube und brachte sie in einen Rosengarten. Als sie dort spazieren ging, erblickte sie das Weltmeer und dachte nach. Sie ging zu ihrem Vater und sprach: »Mein mächtiger Vater, lass mir doch über diesem, das wir dort sehen, einen Kristallpalast bauen; darin sollen sich diamantene und goldene Stühle befinden und auch die Möbel sollen prächtig und goldbestickt sein. Wenn du ihn nicht bauen lässt, bringe ich mich sofort um.«

Der Padischah sagte: »Um Gottes willen, liebe Toch ter! Der Palast soll so gemacht werden, wie du es wünschst!« Darauf gab er den Kristallarbeitern die Befehle. Sie fingen sofort an, über dem Meer einen Palast zu errichten. Genau in Jahresfrist wurde er fertig. Das war ein solcher Kristallpalast, dass jeder, der ihn sah, geblendet wurde. Es ist unmöglich, ihn mit Worten zu beschreiben. Sein Strahlenglanz erfüllt die Welt.

Die Prinzessin kam und küsste ihrem Vater die Hand. Dieser sprach: »Mein Kind, der Kristallpalast, den du gewünscht hast, ist fertig. Nimm einige Sklavinnen und gehe hin. Mögest du heiter und vergnügt darin wohnen.« Darauf nahm die Prinzessin, da sie jung war, einige Sklavinnen mit sich und zog mit ihnen in feierlichem Zug geradewegs zum Palast.

Jemen Land auf der arabischen Halbinsel

Eines Tages, als der Sohn des Padischahs von Jemen von diesem Palast hörte, wunderte er sich darüber, ging zu seinem Vater und sprach: »Mein erlauchter Vater! Der Padischah von Istanbul hat am Meer einen Palast errichten lassen, den man mit Worten nicht beschreiben kann. Wenn du mir gütigst Erlaubnis gibst, möchte ich hinreisen und ihn anschauen. In drei bis vier Monaten werde ich zurückkommen.«

Da gab ihm sein Vater die Erlaubnis; er nahm einige Gefährten mit, bestieg das Schiff und machte sich auf den Weg. Tag und Nacht fuhr das Schiff dahin, ohne anzuhalten. Nach einiger Zeit wurde in der Ferne etwas Wunderbares sichtbar. Sein Strahlenglanz erfüllte die Welt. Der Königssohn sagte zu seinen Gefährten: »Das, was dort erscheint, muss der berühmte Palast sein.« Als es schließlich Abend wurde, ließ er das Schiff dort Anker werfen.

Vestibül Diele

Wir wollen zur Prinzessin kommen. Sie tritt in das Vestibül und schaut nach draußen hinaus. Da sieht sie, dass vor dem Palast ein Schiff angekommen ist. Während sie sich fragt, wem dieses Schiff wohl gehöre, sieht sie den Königssohn.

Er ist ein Jüngling, der dem Mond am Vierzehnten des Monats gleicht. Sofort verliebt sie sich in ihn mit ganzem Herzen und aus ganzer Seele. Als der Königssohn das Mädchen erblickte, schwanden ihm die Sinne und er fiel ohnmächtig zu Boden. Nach einiger Zeit kam er wieder zur Besinnung, stand auf und blickte nach dem Fenster, konnte aber das Mädchen nicht sehen. »Ach«, sprach er, »ich möchte sie nur noch einmal sehen.« Wie er hinschaute, verfiel er in Schlaf.

Jetzt kam die Prinzessin an das Fenster und sah, dass der Königssohn eingeschlafen war. Da seufzte sie, während aus ihren Augen Blut anstelle von Tränen floss. Wie sie weinte, fiel eine Träne dem Königssohn ins Gesicht. Sofort wachte er auf und sah, dass anstelle von Tränen aus den Augen der Prinzessin Blut floss. Nun sagte der Prinz zum Mädchen: »Hier ist das Schiff! Da ist Jemen! Mit vollen Segeln los!« Das Schiff setzte sich in Bewegung und fuhr nach seinem Land zurück. Eines Tages traf er glücklich wieder in Jemen ein und blieb dort.

Wir wollen uns jetzt wieder zur Prinzessin wenden.

Während sie unaufhörlich in Strömen weinte, ging sie geradewegs zu ihrem Vater und sagte: »Lieber Vater, ich möchte von dir ein Schiff haben, das aus lauter Diamanten ist, dessen Kabinen mit Edelsteinen geschmückt und dessen Masten aus Rubinen sind. Darinnen sollen vierzig weiße, junge, schöne Sklaven sein. Wenn du mir das alles nicht machen lässt, werde ich mich töten.«

Rubin roter Edelstein

»Schön, mein Kind«, antwortete der Vater, »das Schiff soll sein, wie du es wünschst.«

Dann berief er die Goldschmiede und gab ihnen den Befehl. Noch an jenem Tag begannen sie mit dem Bau des Schiffes. Nach genau zwei Jahren war es fertig. Jetzt ging die Prinzessin zu ihrem Vater und küsste ihm die Hand mit den Worten: »Lieber Vater, gib mir die Erlaubnis. Ich will einen Luftwechsel vornehmen und, wenn Gott will, bald wiederkommen.«

Da ihr Vater auf der Welt nur diese einzige teure Tochter hatte, konnte er ihr überhaupt nichts abschlagen und gab ihr notgedrungen wohl oder übel die Erlaubnis: »Meine liebe Tochter, lass mich nicht so lange in Sehnsucht auf dich warten. Allah möge dir Heil verleihen!« Das Mädchen nahm nun vierzig weiße Sklavinnen und vierzig weiße Sklaven mit sich, außerdem eine Palasteinrichtung, und begab sich geradewegs zu dem diamantenen Schiff. Nachdem sie noch jene Nacht dort verweilt hatte, gab sie am nächsten Morgen 22 Kanonenschüsse nach Steuerbord und nach Backbord ab, und man fuhr los. Die Prinzessin selbst war der Kapitän, ihr Gehilfe war ein alter Kapitän und die Sklaven und Sklavinnen in ihrem Gefolge verwendete sie anstelle von Soldaten und befehligte sie.

Allah Gott der islamischen Religion

Steuerbord rechte Schiffsseite

Backbord linke Schiffsseite

Eines Tages kamen sie in Jemen an. Sie lief in den Hafen ein, ließ das Schiff vor Anker gehen und blieb jene Nacht dort. Der Aufsichtsbeamte jener Gegend hörte davon und kam, um sich das Schiff anzusehen. Als er es ansah, sagte er: »Wem gehört es wohl? In meinem ganzen Leben habe ich noch nie ein solches Schiff gesehen. Allah möge es vor dem bösen Blick bewahren.« Sogleich ging er zum Palast und erstattete dem Padischah Bericht: »Ach, mein Padischah, gestern ist ein Schiff angekommen, dessen Beschreibung mit Worten unmöglich ist. Es besteht aus reinen Diamanten und lauter Edelsteinen.« Da schickte der Schah seinen Fürstenerzieher und trug ihm auf, in Erfahrung zu bringen, wer es sei.

Schah persischer Herrschertitel

»Mein Padischah! Das Schiff, das angekommen ist, ist ein Handelsschiff. Sein Kapitän ist ein junger Mann, der weder Schnurrbart noch Backenbart hat; er ist so schön wie der Mond am Vierzehnten des Monats. Seine Mannschaft ist ganz ihm entsprechend, alle sind ausgezeichnet. Wirklich, mein Herr, es lohnt sich, sich das einmal anzusehen.«

Als der Königssohn das hörte, da verstand er sofort die Angelegenheit. Nun bestieg er die Schaluppe und fuhr direkt zum Schiff. Als der Königssohn am Schiff anlegte, empfing man ihn mit Ehrenbezeugungen. Schließlich kam er in die Kabine des Kapitäns und ließ sich dort nieder. Obwohl der Königssohn den Kapitän bis in alle Einzelheiten befragte, gab sich dieser auf keine Weise zu erkennen. Der Königssohn verliebte sich sofort in den Kapitän und konnte seinen Blick nicht von seinen Augen abwenden. Als es schließlich Abend wurde, erhob sich

Schaluppe großes Beiboot

der Königssohn wohl oder übel und fuhr zu seinem Palast.

Wir wollen zum Kapitän kommen. Er schickte dem Hafenaufseher der dortigen Gegend Nachricht und durch seine Vermittlung brachte man das unter seinem Kommando stehende Schiff ins Hafenbecken. Sie nahmen auch die Einrichtungsgegenstände mit. Vor dem Palast lag ein so riesiges Gebäude, das sie mieteten. Dort ließen sie sich nieder und begannen, sich freundschaftlich zu unterhalten.

Wir kommen wieder zu dem Königssohn. Am nächsten Morgen, als es Tag geworden war, geht er zu der Stelle, wo das Schiff gelegen hatte, und sieht, dass keine Spur mehr davon vorhanden ist. Mit einem Wehruf schlug er seinen Kopf auf den Boden. Er kam zu seinem Erzieher und fragte ihn. Als der Erzieher ihm alles, eins nach dem anderen, erklärt hatte, wurde dem Königssohn wieder froh ums Herz und er ging zum Palast zurück. Als er vom Gartenhaus auf die Fenster des erwähnten Gebäudes schaute, fiel sein Blick auf das Mädchen und er geriet in Verwirrung. Bei dem Gedanken: »Wer ist es wohl? Ist es vielleicht die Frau des Kapitäns?«, fühlte er innere Unruhe und Argwohn. Sie war ein einzigartiges und auf der Welt unvergleichliches Wesen, das solche Schönheit besaß und dessen Locken nach zwei Seiten gescheitelt waren.

Als nun auch das Mädchen den Königssohn erblickte, schloss sie das Fenster und zog sich ins Innere zurück. Da verliebte sich der Prinz von Neuem in sie. Nach allen vier Seiten streifte er um das Gebäude herum in dem Gedanken: »Ach, wenn ich jene Schöne noch einmal sehen könnte!« Als es schließlich Nacht geworden war, zog sich der Königssohn in sein Zimmer zurück und jammerte.

Am anderen Morgen kommt er zum Gartenhaus und sieht, dass niemand am Fenster ist. Da er es nicht mehr aushalten konnte, ging er zu seiner Mutter und sagte: »Ach, Mutter, in dem uns gegenüberliegenden Gebäude wohnt die Frau des Kapitäns, ich habe sie am Fenster gesehen und mich in sie verliebt. Nimm diese edelsteinbesetzten Holzschuhe und bringe sie ihr zum Geschenk. Ich möchte noch einmal ihre Schönheit sehen, sonst werde ich mich umbringen.«

Wohl oder übel erhob sich die Mutter und ging zum Gebäude des Kapitäns. Nachdem sie eingetreten war und den Gruß entboten hatte, überreichte sie dem Mädchen die Holzschuhe. Das Mädchen nahm die Schuhe und gab sie den Sklavinnen in der Küche. Die arme Sultanin wunderte sich und sagte zu dem Mädchen: »Meine Prinzessin, der Königssohn lässt seinen besonderen Gruß entbieten und wünscht, Eure gesegnete Schönheit zu sehen, aber ach, was geruht Ihr zu antworten?« Da gab das Mädchen überhaupt keine Antwort. Nachdem die Mutter noch einige Zeit verweilt hatte, ging sie zum Palast zurück und sprach zornig zum Königssohn: »Ich habe jenem Mädchen die edelsteinbesetzten Schuhe gegeben. Sie nahm sie und gab sie den Sklavinnen in der Küche. Darüber habe ich mich sehr aufgeregt, und obwohl ich ihr deinen Zustand geschildert habe, hat sie überhaupt keine Antwort gegeben. Dann bin ich von dort aufgebrochen und hierher gekommen. Was du auch immer für einen Kummer hast, du musst selbst damit fertig werden!«

Sultanin **Titel einer islamischen Fürstin**

Jetzt ging der Königssohn in sein Zimmer und seufzte und jammerte bis zum Morgen. Dann ging er zu seiner Mutter und küsste ihr die Hand mit den Worten: »Ach, liebe Mutter! Nur du allein kannst helfen.«

Die Sultanin hatte eine sehr wertvolle Perlenkette. Als ihr diese in den Sinn kam, sagte sie: »Mein lieber Sohn, ich habe von meinen Vorfahren eine Perlenkette im Kasten. Dir zuliebe will ich sie hingeben. Wir wollen einmal sehen, wie sie wirkt.«

Der Prinz war erfreut und küsste seiner Mutter wiederum die Hand. Die Sultanin erhob sich und ging zum Gebäude des Mädchens. Als sie eingetreten war und den Gruß des Königssohnes übermittelt hatte, überreichte sie dem Mädchen jene Perlen. Das Mädchen hatte einen Papagei, der in einem Käfig an der Decke hing. Sie nahm die Perlen der Sultanin und gab sie dem an der Decke aufgehängten Papagei als Futter. Das Tier fraß sie knackend und krachend auf.

Danach stand die Mutter auf und ging zum Palast zurück. Als der Prinz voller Eile fragte: »Mutter, was hast du erreicht?«, antwortete sie: »Ach, mein Sohn, ich habe meine Perlen gegeben. Sie nahm sie auch, gab sie aber dem an der Decke aufgehängten Papagei als Futter. Das Tier hat sie vor meinen Augen aufgefressen. Als ich das alles ansehen musste, da grämte ich mich schier zu Tode. Ich warte nicht, was ich tun sollte, und ich weiß nicht, was nun mit uns werden soll.«

Der Prinz entgegnete ihr: »Mutter, es ist Dummheit von ihr! Nimm es ihr nicht übel!« In dieser Nacht kam bis zum Morgen kein Schlaf über den Prinzen, da er immer wieder seufzte. Am Morgen ging er geradewegs zu seiner Mutter und sprach: »Ach, liebe Mutter, ich habe einen alten Koran. Bring ihr den! Vielleicht hat sie aus Ehrfurcht vor ihm diesmal Mitleid mit mir und handelt gütig.« Kurz, er überredete seine Mutter und schickte sie wieder hin.

Koran heiliges Buch des Islam

Die Sultanin geht unter einem Vorwand zum Palast und tritt ein. Die Prinzessin kommt herunter, geht ihr mit Ehrenbezeugungen entgegen und führt sie hinauf. Die Sultanin wundert sich hierüber. Schließlich holt sie den Koran heraus und überreicht ihn dem Mädchen. Das Mädchen nimmt ihn artig an und legt ihn, nachdem sie ihn dreimal geküsst hat, auf das Bücherbrett. Da sagt die Sultanin zu ihr: »Mein Kind, der Prinz klagt Tag und Nacht unaufhörlich. Zuletzt wird er sich noch umbringen. Um Himmels willen, mein Kind, du allein kannst da nur helfen. Zeige dem Prinzen doch nur einmal dein Gesicht, damit er dich sehen kann und sein Herz etwas Freude hat!«

Das Mädchen antwortet: »Mutter, ich zeige mich nicht für etwas Gewöhnliches!« Da sagt die Sultanin zu ihr: »Ach, mein Kind, was du verlangst, das wollen wir tun!« Darauf entgegnet das Mädchen: »Mutter, ich will es dir geradeheraus sagen. Du sollst jetzt eine goldene Brücke machen lassen und ringsherum alles mit lauter Rosen schmücken. Der Prinz soll an dem einen Ende der Brücke sein Lager aufschlagen und sich hineinlegen, dann werde ich dorthin kommen und dort soll er mich sehen.«

Danach stand die Sultanin auf und kam wieder in ihren Palast und erzählte alles ihrem Sohn.

Kurz und gut, der Prinz ließ wirklich eine Brücke machen, wie sie das Mädchen beschrieben hatte, und

schmückte sie ringsum mit Rosen. An dem einen Ende der Brücke schlug er sein Lager auf und ließ sich dort nieder. Dem Mädchen schickte man nun Nachricht. Sie kleidete sich und schmückte sich und kam mit allem Prunk und Pomp zur Brücke. Während sie aber über die Brücke ging, stach sie sich an einem Rosendorn ins Gesicht und schrie: »O weh, mein Gesicht!«, und kehrte wieder zu ihrem Palast zurück.

Der Prinz sieht, dass sie kommt, und denkt bei sich: »Jetzt werde ich sie sehen.« Als er bemerkt, dass das Mädchen umkehrt und zurückgeht, sagt er zu seiner Mutter: »Um Gottes willen, Mutter, ich habe sie nicht sehen können; sie ist fortgegangen.« Die Sultanin geht geradewegs zum Haus des Mädchens. Als sie zu ihr sagt: »Meine Tochter, warum bist du nicht zum Prinzen gegangen?«, entgegnet das Mädchen: »Mutter, ein Rosendorn ist mir ins Gesicht gedrungen. Nun könnt Ihr die Brücke und auch den Prinzen behalten.« Darauf erwiderte die Sultanin: »Meine Tochter! Was sollen wir tun? Du wendest für alles eine List an!« Nun sprach das Mädchen: »Mutter, ich will dir die Wahrheit sagen. Ihr sollt jetzt eine goldene Brücke bauen lassen und auf der einen Seite einen goldenen und auf der anderen Seite einen silbernen Leuchter aufstellen. Danach soll der Prinz sterben. Ihr sollt an dem anderen Ende ein Grab für ihn graben und ihn hineinlegen. Dann will ich kommen und zu seinen Häupten sitzen. Dort soll er mich nach Herzenslust anschauen!«

Zornig stand die Sultanin auf, ging zum Palast und erzählte alles ihrem Sohn.

Der Prinz sagte: »Mutter, ich werde dem Anschein nach sterben, mich ins Grab legen und sie erwarten. Wir wollen sehen, was für eine List sie diesmal anwenden wird.« Also beschlossen sie. Am folgenden Tage stellte man auf der einen Seite der Brücke einen goldenen Leuchter und auf der anderen Seite einen silbernen Leuchter auf. Der Prinz ging in das Grab und erwartete das Mädchen.

Wir wenden uns wieder zu dem Mädchen. In jener Nacht ließ sie das Schiff aus dem Hafenbecken ziehen, nahm alle Einrichtungsgegenstände, die in dem Haus waren sowie ihre Sklavinnen mit sich und brachte sie aufs Schiff. Alles war in Bereitschaft. Als es Morgen wurde, kam das Mädchen geradewegs zur Brücke und ging zu dem Grab, wo der Prinz war, und sagte: »Sieh, hier ist das Schiff und hier ist ein günstiger Wind nach Istanbul!« Nach diesen Worten bestieg sie das Schiff und fuhr ab.

Der Prinz steht sofort auf und sieht, dass das Schiff unverzüglich abfährt. Wehklagend eilt er zu seiner Mutter: »Ach, Mutter, was ich getan habe, ist meine Schuld.« Nun verstand er die Handlungsweise des Mädchens. Darauf begab er sich zu seinem Vater und küsste ihm die Hand mit den Worten: »Mein lieber Vater! Gib mir die Erlaubnis, ich möchte fortgehen!« Der Vater war damit einverstanden und gab ihm die Erlaubnis. Der Prinz küsste auch seiner Mutter die Hand und sprach: »Mutter, nun hat sich der rechte Weg für mich aufgetan. Jetzt muss ich gehen.« Damit holte er sich auch die Erlaubnis von seiner Mutter.

Dann ging er, bestieg ein Schiff und machte sich auf den Weg. In Istanbul verließ er das Schiff und ging zu dem erwähnten Palast. Die Prinzessin kam ihm mit den Sklavinnen entgegen. Man führte ihn nach oben ins Zimmer. Als er zu ihr sagte: »Meine Prinzessin! Tut es dir nicht Leid um mich, dass du mir so viel angetan hast?«, da entgegnete ihm das Mädchen: »Oh, mein Prinz, hast du denn vergessen, was du mir angetan hast? Du bist mit dem Schiff gekommen, hast mich in Flammen gesetzt und bist dann fortgegangen. War das vor Gott zu verantworten?«

Da sagte er: »Ach, meine Prinzessin, willst du mir mein Vergehen verzeihen und es mir nicht nachtragen? Die Schuld liegt an mir!«

Danach umarmten sie sich innig. Dann ging die Prinzessin zu ihrem Vater und erklärte ihm alles, was ihr zugestoßen war. Ihr Vater war zufrieden und dankte Gott. Am folgenden Tag wurde der Ehevertrag geschlossen und vierzig Tage und vierzig Nächte wurde Hochzeit gefeiert. In der einundvierzigsten Nacht betraten sie das Brautgemach und die beiden Liebenden wurden vereinigt. Hier findet unsere Geschichte ein Ende und damit den Schluss.

Dornröschen, Holzstich von Wilhelm Simmler,
zwischen 1867 und 1871

Der lange Schlaf

Märchen aus Österreich

Ein reicher und dabei recht stolzer Bauer hat nur ein Kind gehabt, das er über alles in der Welt, auch über den Herrgott vergötterte. Aber so reich der Bauer auch war, so hartherzig ist er gegen die Armen gewesen und für keinen Bettler hat er ein Stückerl Brot gehabt. Einmal hat er halt auch einen armen, zerlumpten Bettelbuben verjagt und der hat ihm die Faust aufgereckt und gesagt: »Na, wart nur, Bauer! Das Kind, das du in der Milch baden und mit weichem Brot abreiben tust – ja, das Kind wird sich an einer Spindel stechen und dann schlafen, bis die Bäumerl am Waldsee zusammenbrechen vor Alter, und alle Hausleut müssen mitschlafen; und ein Stier wird ums Haus gehen und keinen Menschen hineinlassen. Pass auf, aber du passt umsonst auf.« Dann ist der Bettelbub fort, hinauf den Fahrweg ins Gebirg und ist bei einem Nachbarn eine Zeit lang Viehhalter geworden.

Der Bauer ist, obgleich er zuerst über die Verwünschung gelacht hat, mit der Zeit doch etwas ängstlich geworden und hat alle Spinnradln und Spindeln in die Holzschupfen bringen und aufhülzen lassen. Ein einziges Spinnrad nur, das die Bäuerin von ihrer Mutter mitbekommen hatte, ist von der Vernichtung verschont geblieben. Der arme Bettelbub hat als Halterbub beim Nachbarn einen Keuschlerbuben kennen gelernt, ein gutherziges Kind, das ihm alle Gefälligkeiten getan hat. Einmal nun sind die beiden Buben draußen auf der Weide gesessen und haben gespielt und der Keuschlerbub teilte mit dem Bettelbuben sein armes Brot.

Spinnradl Spinnrad
Holzschupfen Holzschuppen
aufhülzen zerschlagen
Halterbub Hirte
Keuschlerbube Bub eines Kleinbauern

»Wart, jetzt sag ich dir was, weil du so gut bist«, sprach dabei der Bettelbub, »der reiche Bauer und sein Kind da unten werden wegen ihres Geizes schwer draufzahlen. Viele, viele Jahre werden sie da liegen und kein Mensch wird sie wecken.«

»Ach, das liebe, kleine Kind mit den blauen Augen, das mit den Patschhanderln mir ein Laibel Brot zuschieben wollte, na, Freund, das ist doch gar zu grausam«, entgegnete das gute Keuschlerkind.

Patschhanderl kleine nette Händchen
ein Laibel einen Laib

»So will ich's mindern, da auch diese Kunst mir die Großmutter in den Bergen gelehrt hat. Aber die Bäumchen dort müssen wenigstens einen Schatten geben, darunter sich der Stier legen kann und kein Sonnfleck darf ihn treffen«, hat darauf der rachsüchtige Bettelbub gesagt. »Aber der Stier wird nicht von selber gehen. Wer den Zauber lösen will, muss es mit dem Stier aufnehmen.« Dann ist er aufgestanden, hat den Keuschlerbuben beim Vieh gelassen, ist fortgegangen und nicht mehr zurückgekommen. Der arme, einfältige Keuschlerbub aber ist bei dem Nachbarn Viehhalter geblieben.

Es ist gerade um die Zeit gewesen, da die Verwünschung in Erfüllung gehen sollte. Die Bäurin ist drinnen in der Rauchstuben gestanden und hat Krapfen gebacken; der Bauer aber hat sich im Stall zu schaffen gemacht. In der Holzhütten hat ein Knecht die letzten Spinnradl auseinander geschlagen. Ein Spinnrad haben die Herrenleut vergessen, denkt sich das Lockerdirndl und holt das Radel der Bäuerin aus der Kematen heraus, um auch dieses hinüber in die Holzschupfen zu tragen. Und draußen vor der Haustür setzt sich das kindliche Ding mit dem Radl nieder und das kleine Kind sitzt zu ihren Füßen

Krapfen Gebäck
Lockerdirndl Kindsmagd, Kindermädchen
Kemate Vorratskammer

spielt sich spielt für sich
ausfliegt herausfliegt

und spielt sich. Die Lockerin treibt das Radl, bis die Feder mit der Spule ausfliegt und gerade dem kleinen Dirnderl in den Schoß fällt. Begierig greift das Kind zu, sticht sich, sinkt mit einem Schrei um und schläft ein.

Und alle sind eingeschlafen, die Lockerin beim Radl, die Bäuerin bei den Krapfen, das Schmalz in der Pfanne, das Feuer auf dem Herd, der Knecht beim Holzstock, der Bauer im Stall und alle Tiere, die Ochsen, Kühe, Schweine und Hühner, sogar der Spatz auf dem Dach.

Und um die gleiche Zeit ist der Viehhalter von der Nachbarweide weggerannt und hat dem Keuschlerbuben das Vieh gelassen. Bei einer Hollerstauden ist er verschwunden und ein großmächtiger Stier ist von dort weg hinab zum großen Bauernhaus gerannt und ist der Einzige gewesen, der nicht geschlafen hat. Alleweil ist er herumgegangen und hat niemanden zum Haus gelassen. Den Nachbarn ist es aufgefallen, dass sich dort seit einiger Zeit nichts mehr gerührt hat und sie haben halt deswegen hingehen wollen, aber der Stier hat sie alle über den Zaun geschmissen und Messer und Gewehr hat nichts genützt gegen ihn.

Hollerstauden → Seite 256

Währenddessen sind Jahre dahingegangen. Die Brennnessel auf dem Düngerhaufen sind schon völlig baumhoch geworden und die Hollersträuche sind übers Dach gewachsen. Der Bauer hat beim Schlafen einen langen Bart bekommen und der ist schon grau geworden; auch die Zöpf der Bäurin haben weiße Fäden erhalten. Draußen vor dem Haus aber ist Winter und Sommer im grünen Gras das Dirnderl gelegen und zu einer herrlichen Jungfrau herangeblüht; langes, blondes Haar umhüllte sie wie ein Mantel.

Der Stier ist jetzt schon oft hinübergegangen zu den Bäumchen, die am Wege standen, und hat probiert, ob schon der Schatten so groß und so dicht ist, dass er drinnen Platz haben sollte. Aber bald hat die Sonne den Schwanz, bald den Kopf angelacht und noch alleweil ist nichts mit der Erlösung geworden. Aus dem armen Keuschlerbuben aber wurde mittlerweile ein starker Knecht, der zwar um ein Radl zu wenig im Kopfe hatte, aber dafür ein gutes Herz und in seinen Fäusten eine Bärenkraft; hat er doch

ein Radl zu wenig im Kopfe haben einfältig sein

oft aus Langweil mit den Kälbchen und später mit den Ochsen das Schieben probiert. Einmal nun, wie er wieder nach der Arbeit auf der Ofenbank saß, begann sein Bauer zu reden: »Ob's denn drunten beim verwunschenen Bauern gar keinen Schick mehr haben wird? Wer wird denn den Stier bändigen? Der muss bärenstark sein.« Lautlos ist drauf der Knecht aufgestanden und hinübergegangen, um sich das schlafende Bauernhaus ein wenig anzusehn.

gar keinen Schick mehr haben wird gar nichts tut

Und wie er da herumgeht um den Zaun, sieht er den Stier im Schatten eines Baumes liegen und gemächlich wiederkäuen. Da fällt ihm ein, was der fremde Viehhalter vor etwa zwanzig Jahren zu ihm gesagt hat – und wirklich, kein Sonnenfleckerl liegt auf dem Stier. Mit einem Satz springt er über den Zaun und geht auf den Stier zu. Aber auch der steht auf und macht alle Mode, den Eindringling wie bisher die anderen über den Zaun zu werfen. Der aber fasst den Stier bei beiden Hörnern an und drückt das mächtige Haupt zu Boden. Schritt für Schritt muss der Stier zurück, bis er endlich zitternd in die Knie sinkt. Da steht aber auch schon der arme einfältige Knecht bei der wunderschönen Jungfrau, beugt sich nieder und küsst sie. Erstaunt wacht sie auf und besinnt sich, dass der Bursch, der vor ihr steht, sie geweckt hat. Das Feuer ist wieder aufgewacht und das Schmalz prasselt in der Pfanne, die Leute und Tiere sind wieder wach geworden. Der Stier aber ist verschwunden, dort in der Hollerstauden, wo jetzt ein Bettelotter weiterhumpelt. Was soll ich denn weiter erzählen, als dass der arme Knecht und die reiche schöne Bauerntochter ein Paar geworden sind und dass sie sich in Anbetracht seiner Bärenkraft wohl hütete, je einmal stolz zu sein.

macht alle Mode tut so, als wolle er

Bettelotter Bettler

Materialien

Jacob und Wilhelm Grimm

Die Brüder Jacob (1785–1863) und Wilhelm (1786–1859) Grimm erlangten Weltruhm als Märchensammler mit den noch heute bekannten und berühmten »Kinder- und Hausmärchen« (KHM, erste Ausgabe 1812, dann folgen viele Ausgaben mit Überarbeitungen und Ergänzungen, bis zur dreibändigen Ausgabe »letzter Hand« von 1857).
Das vielseitige literarische und wissenschaftliche Werk der Brüder Grimm, ihre zahlreichen Veröffentlichungen auf dem Gebiet der Sprachwissenschaft – sie legten mit dem »Deutschen Wörterbuch«, der »Deutschen Grammatik« einen bedeutenden Grundstein zur Vereinheitlichung der deutschen Sprache – hatten zu ihren Lebzeiten stärkere Geltung als die »Kinder- und Hausmärchen« (KHM). Als Märchen-, Sagen-, Rechts- und Mythenforscher gelten sie heute als Mitbegründer der Deutschen Philologie.

Philologie **Sprach- und Literaturwissenschaft**

Jura **Rechtswissenschaft**

Beide wurden als Söhne des Juristen Philipp Wilhelm und dessen Frau Dorothea Grimm in Hanau geboren, verbrachten ihre Gymnasialzeit in Kassel (1798–1802) und studierten gemeinsam Jura in Marburg (1802–1805).

Jacob wurde 1808 zum Privatbibliothekar des Königs Jérome ernannt, in dieser Zeit entschloss er sich zum eigenständigen Studium der Poesie und der Literatur anstelle einer universitären Rechtslaufbahn. 1814 erhielt Wilhelm die gewünschte Anstellung an der kurfürstlichen Bibliothek in Kassel, 1816 folgte ihm sein Bruder Jacob.

1825 heiratete Wilhelm Grimm Dorothea Wild. Seit 1830 war Jacob als Bibliothekar und lehrender Professor an der Universität Göttingen tätig. Er kehrte wegen führender Teilnahme an politischen Protesten, des Landes verwiesen, nach Kassel zurück. 1840 wurde er, wieder zusammen mit dem Bruder Wilhelm, als Professor und Mitglied der Akademie nach Berlin berufen. 1848 gab Jacob Grimm seine Lehrtätigkeit an der Universität in Berlin auf, sein Bruder Wilhelm folgte ihm 1852, beide wollten sich nun ausschließlich eigenen Forschungsarbeiten widmen.

In ihrer Marburger Stundentenzeit begannen beide zusammen mit dem Sammeln von Märchen und Sagen. 1805 lernten sie den Dichter Clemens von Brentano kennen, der ihren weiteren Weg entscheidend bestimmte. Er weckte in ihnen das Interesse an der Volksdichtung (an Volksliedern, Volksmärchen und Sagen) und gewann sie als Mitarbeiter an dem Projekt der Volksliedsammlung »Des Knaben Wunderhorn«, das Clemens von Brentano mit dem Dichter Achim von Arnim bearbeitete.

Entgegen der landläufigen Meinung waren die Brüder Grimm nicht mit Papier und Bleistift über Land gezogen, um bei Gewährsleuten (Märchenerzählern/Märchenerzählerinnen) die Texte zu hören und aufzuzeichnen. Nur zwei ihrer Erzählerinnen, Dorothea Viehmann und Henriette Dorothea Wild, werden als Beiträgerinnen mündlicher Märchenfassungen genannt.

Die Grimms erhielten viele Märchen zugesandt, auch fanden sie zahlreiche Texte in verstreuten Zeitungsartikeln und in zeitgenössischen Märchensammlungen. Auf Grund ihrer Bibliothekarstätigkeit hatten sie leichten Zugang zu älteren Quellen (Büchern aus dem 14.–18. Jahrhundert), die sie auswerteten: Die Mehrzahl ihrer Märchen (KHM) haben große Ähnlichkeit mit älteren deutschen Vorlagen, so z. B. mit den Übersetzungen der französischen Märchen von Charles Perrault (1628–1703), den französischen »Feenmärchen« der Madame D'Aulnoy (1650–1705) und den italienischen Märchen des Giambattista Basile (1575–1632).

Heute weiß man, dass die Grimms, insbesondere Wilhelm Grimm, die mündlich und schriftlich gesammelten Texte inhaltlich und sprachlich »ausgearbeitet « und, wie Wilhelm sagt, »in unsere Weise umgeschrieben« haben, was auch bedeutete, die Texte dem Geschmack ihrer Zeit anzupassen.

Die Brüder Grimm selbst schufen den volkstümlichen Sprachstil der Märchen, der durch einfache Sätze, volkstümliche Redensarten, Reimwörter und Reimstrophen, direkte Rede und formelhafte Wendungen geprägt ist.

Wilhelm Hauff

Wilhelm Hauff wurde 1802 in Stuttgart geboren, seine Kindheit und Jugend verbrachte er in Tübingen.

Wilhelm war kein Musterschüler, aber er hatte schon als kleiner Junge eine blühende Fantasie. Als begeisterter Leser verschlang er in der umfangreichen Bibliothek des Großvaters, was ihm in die Hände fiel: Ritter-, Räuber- und Abenteuerromane, auch Goethe, Schiller, Lessing und andere Klassiker.

Nach dem Studium der Theologie (1820–24) wählte er jedoch nicht den Beruf des Pfarrers, sondern wurde mit 22 Jahren Hauslehrer und Erzieher. Durch Märchenerzählen gewann Hauff bei dieser Hauslehrertätigkeit direkte Anregung zu seinen Märchenpublikationen:

Theologie **Religionswissenschaften**

Für seine Zöglinge verfasste er die ersten Märchen, die er im »Märchenalmanach auf das Jahr 1826 für Söhne und Töchter gebildeter Stände« publizierte. Es folgten bald zwei weitere Almanache (Sammlungen von Märchen und Geschichten), zu denen auch das Märchen »Kalif Storch« gehört.

Almanach **Jahrbuch**

Hauff machte Karriere, er verstand es, selbstbewusst und strategisch seine Werke zu »vermarkten«, wie wir heute sagen würden. Innerhalb von nur 2 ¾ Jahren schrieb Hauff 3 umfangreiche Romane, 7 Novellen und Erzählungen und 14 Märchen. Dass viele Märchen Hauffs im

Orient spielen, entsprach dem damaligen Zeitgeschmack. Die Märchen »Aus den tausendundeinen Nächten« dienten Hauff als Vorbild für seine Märchen-Almanache. Mit nur 25 Jahren starb Hauff in Stuttgart, kurz nach der Geburt seiner Tochter (1827). Er gilt heute als einer der populärsten Kunstmärchendichter, dessen Märchendichtungen weltweite Verbreitung fanden.

Justinus Kerner

Justinus Kerner, 1786 in Stuttgart geboren und 1862 in Weinsberg gestorben, war nicht nur Dichter, sondern weit über die Grenzen des Königreichs Württemberg hinaus ein bekannter Arzt, Denker und Forscher.
Berühmte Männer und Frauen aus aller Welt waren im »Kernerhaus zu Weinsberg« zu Gast, das Kernerhaus galt als Mittelpunkt des kulturellen Lebens der damaligen Zeit und des Dichterkreises der so genannten »Schwäbischen Romantik«:

Kerner war seit seiner Studentenzeit in Tübingen mit den Dichtern Ludwig Uhland, Gustav Schwab, Eduard Mörike und Wilhelm Hauff befreundet. Als Studenten gründeten sie einen Freundschaftsbund, der an der herkömmlichen Literatur scharfe Kritik übte und sich für die Literatur des Mittelalters, die Volksdichtungen (Märchen und Sagen) und wie die Dichter Clemens von Brentano und Achim von Arnim für die Erforschung der Volksliedkunst interessierte und begeisterte. Kerner schrieb Gedichte, Romane, Erzählungen und Märchen. Sein Märchen »Goldener« entstand, ehe die Brüder Grimm ihre »Kinder- und Hausmärchen« herausgegeben hatten.

Eduard Mörike

Eduard Mörike wurde 1804 in Ludwigsburg als Sohn eines Arztes geboren. Eduard war von dreizehn Kindern das siebte, zu seinen Schwestern Luise und Klara hatte er sein Leben lang ein sehr enges Verhältnis.

Als recht mittelmäßiger Schüler besuchte Mörike die protestantische Klosterschule Urach und 1822–26 das Tübinger Stift, wo er Theologie studierte. Die während seiner Studentenzeit geschlossenen Freundschaftsbündnisse mit Dichtern und Denkern begleiteten ihn sein Leben lang und beeinflussten sein Leben und Wirken als Schriftsteller in besonderer Weise.

Stift
hier: Ausbildungsstätte für württembergische Pfarrer

Nach wechselnden Vikariaten zog Mörike als Pfarrer nach Cleversulzbach. Von Geldknappheit und Krankheit geplagt, versuchte er jedoch bald aus dem ungeliebten Pfarrberuf zu entkommen und als freier Schriftsteller eine Existenz zu gründen. 1839, er war erst 39 Jahre alt, wurde seine Entlassung aus dem Pfarrdienst genehmigt.

Vikariat
Lehrjahre eines zukünftigen Pfarrers

1851 heiratete er Margarete Speeth, 1855 und 1857 wurden seine zwei Töchter geboren. Seine bekanntesten Werke (Gedichte, Erzählungen und der Roman «Maler Nolten«) entstehen, so auch »Das Stuttgarter Hutzelmännlein« (1853), das die Rahmengeschichte zu dem Märchen »Die Schöne Lau« bildet.

Ab 1852 wurden ihm viele Ehrungen zuteil, 1852 er-

Audienz feierlicher Empfang

nannte ihn die Tübinger Universität zum Ehrendoktor, 1856 erhielt er den Titel eines Professors, der württembergische König empfing ihn in Audienz und die Königin nahm an seinen Literaturlesungen teil. Mörike und sein Werk wurden plötzlich über Stuttgart hinaus bekannt. Nach der Trennung von seiner Frau (1873) lebte er sehr zurückgezogen mit seiner Schwester Klara und seiner jüngsten Tochter in Stuttgart, wo er, fast mittellos und vereinsamt 1875 starb.

Mörike gilt heute als einer der größten deutschen Dichter.

Theodor Storm

Theodor Storm (1817–88) war ein norddeutscher Schriftsteller, der durch seine Gedichte (Lyrik) und Erzählungen (58 Novellen, z. B. »Der Schimmelreiter«) weltberühmt wurde. Sein Mittsommermärchen »Die Regentrude« erschien 1864.

Nach dem Besuch des Gymnasiums in Lübeck studierte er Jura und wurde 1843 Rechtsanwalt in Husum. Schon in seiner Studentenzeit sammelte er mit Freunden schleswig-holsteinische Sagen, Märchen und Volkslieder, die 1845 herausgegeben wurden.

1852 wurde er von den Dänen auf Grund politischer Umstände aus seinem Amt entlassen. Er verließ seine

Heimat und musste längere Zeit in schwierigen finanziellen und beruflichen Verhältnissen leben. Erst 1864 kehrte er nach Holstein zurück, wo er 1867 Amtsrichter und 1879 Amtsgerichtsrat wurde.

Er war mit berühmten Dichtern seiner Zeit befreundet und bekannt, so z. B. mit Eduard Mörike, Joseph von Eichendorff und Theodor Fontane.

Rafik Schami

Rafik Schami (arabischer Künstlername, bedeutet »Damaszener Freund«, bürgerlicher arabischer Name: Suheil Fadel) wurde 1946 in Damaskus/Syrien geboren und wuchs in einer christlich-aramäischen Familie auf. 1971 ist er in die Bundesrepublik Deutschland ausgewandert, u. a. da seine kritischen Schriften in Damaskus verboten wurden. In Heidelberg studierte er Chemie und legte 1979 seine Promotion ab. Schon während des Studiums begann er auf Deutsch Geschichten und Märchen aus seiner Heimat aufzuzeichnen.

Promotion Erlangung der Doktorwürde

Seit 1982 lebt und arbeitet Rafik Schami als freier Schriftsteller, hat zahlreiche Bücher veröffentlicht und wurde mit vielen Preisen ausgezeichnet. Er gilt heute als einer der erfolgreichsten und bedeutendsten arabischen Schriftsteller Europas. Seine Werke (darunter auch Märchensammlungen) wurden in 24 Sprachen übersetzt, als Geschichtenerzähler der orientalischen Art ist er ein Brückenbauer zwischen dem Westen und der arabischen Welt. »Schamis Bücher sind fliegende Teppiche der Fantasie« (FAZ, 2006).

Peter Rühmkorf

Peter Rühmkorf wurde 1929 in Dortmund geboren und wuchs in Niedersachsen auf. Schon auf dem Gymnasium gab er die kritische Zeitschrift »Die Pestbeule« heraus; als Student der Pädagogik, Kunstgeschichte, Germanistik und Psychologie war er Mitbegründer einer Studentenbühne und eines Kabaretts.

Von 1958 bis 1964 arbeitete er als Lektor beim Rowohlt-Verlag, seitdem lebt er als freier Autor in Hamburg. Rühmkorf gilt als einer der originellsten und vielseitigsten deutschen Schriftsteller der Gegenwart. Er schrieb und schreibt Gedichte, Märchen, Theaterstücke und Essays. Er unterhielt viele Gastdozenturen an deutschen und ausländischen Universitäten, u. a. in Austin/Texas, Hamburg, Göttingen und Tübingen. Er ist Mitglied der »Deutschen Akademie für Sprache und Dichtung» in Darmstadt. Für sein umfangreiches Werk erhielt er viele Auszeichnungen und Preise.

Kabarett **Kleinkunstbühne**
Lektor **Mitarbeiter eines Verlags, der Manuskripte prüft und bearbeitet**
Essay **kurzer Aufsatz**

Sigrid Früh

Sigrid Früh wurde am 18.5. 1935 in Hohenacker, Rems-Murr-Kreis geboren, studierte Germanistik, Landesgeschichte und Volkskunde in Tübingen und Zürich. Sie ist eine der bekanntesten Märchen- und Sagenforscherinnen Deutschlands. Als Märchenerzählerin tritt sie in zahlreichen Bildungseinrichtungen auf. Märchen und Sagen der Welt sind ihr Spezialforschungsgebiet.

Interview: Barbara Stamer mit Sigrid Früh

Frau Früh, Sie sind eine berühmte und weit gereiste Märchenerzählerin und Märchenforscherin – wie sind Sie zur Märchenerzählerin geworden? Kann man einen solchen Beruf erlernen?

Das Märchenerzählen und die Liebe zum Märchen habe ich von meinem Großvater, mit dem ich im Krieg manchmal stundenlang im Luftschutzkeller saß und der mir Märchen gegen die Angst erzählte.

Durch mein Studium der Germanistik und Landeskunde bin ich schon sehr früh auf die Märchen und die Märchenforschung gestoßen. Den entscheidenden Impuls bekam ich durch Professor Max Lüthi, den großen Altmeister der Märchenforschung, der einmal zu mir

Impuls Anregung, Anstoß

sagte: »Sie haben das, was man nicht lernen kann, die Gabe des Erzählens!«

1978 habe ich zum ersten Mal bei einem großen Kongress der Europäischen Märchengesellschaft in Straßburg vor großer Öffentlichkeit – mit einem Publikum aus aller Welt – Märchen erzählt. Ich bekam damals in der französischen Presse ein positives Echo, ich erhielt zahlreiche Engagements, und seither bin ich als Märchenerzählerin tätig. Ich verfüge heute über ein eigenes Repertoire von etwa 140 Märchentexten.

Engagement persönlicher Einsatz
Repertoire Vorrat einstudierter Texte

Sprechen Sie auswendig?
Ja! – Ich erzähle die Märchen nicht Wort für Wort nach der gedruckten Vorlage, ich memoriere für mich die wesentlichen Inhalte und Sprachbilder des Märchens. Während ich erzähle, stelle ich mich immer auf meine Zuhörerinnen und Zuhörer ein.

memorieren ins Gedächtnis einprägen

Woher kennen Sie die vielen Märchen?
Ich habe eine eigene reichhaltige Märchenbibliothek mit mehreren hundert alten und neuen Märchenbänden, die ich im Laufe der Zeit gesammelt habe. In meinem Archiv befinden sich selbst aufgezeichnete Texte von noch mündlich überlieferten Märchen, die mir Menschen verschiedenster Nationalität aus ihrem Erinnerungsschatz erzählt haben. Zum Teil veröffentliche ich diese Texte in meinen Märchenanthologien.

Worin unterscheiden sich eigentlich Märchen von bloßen Geschichten?
Das Märchen ist die Begegnung mit dem Wunderbaren.

Der Erzähler muss selbst daran glauben, so kann er vermitteln, dass es jenseits der Realität auch eine wunderbare Welt gibt. Die Märchen schöpfen aus den Quellen einer universellen Mythologie. Sie berichten in einer bildhaften Symbolsprache von übernatürlichen Dingen, von magischen Phänomenen und von Wünschen, die in Erfüllung gehen. Sie schildern aber auch alle Freuden und Leiden, alle Höhen und Tiefen menschlichen Daseins.

Wo erzählen Sie Märchen? Welchen Personenkreis sprechen Sie an?

Ich erzähle häufig in Schulen für Kinder und Jugendliche aller Altersstufen und aller Schulgattungen. Märchen sind aber eigentlich Erwachsenenlektüre. Vor den »Kinder- und Hausmärchen« (KHM) der Brüder Grimm wäre kein Mensch auf die Idee gekommen, Märchen für Kinder zu erzählen.

Für Erwachsene erzähle ich z. B. bei internationalen Fachkongressen und Fortbildungstagungen, kulturellen Veranstaltungen, in Volkshochschulen und Universitäten, in Seniorenkreisen und in Bibliotheken, aber auch in Gefängnissen, um nur einige Beispiele zu nennen.

Schreiben und erfinden Sie auch eigene Märchen? Sie haben doch auch viele Märchenbücher veröffentlicht?

Das Volksmärchen wurde und wird auch heute noch von Mund zu Mund weitergegeben. Auf meinen vielen Reisen im In- und Ausland treffe ich immer wieder Menschen, die mir Märchen, bzw. Märchenfragmente erzählen, Erinnerungsstücke etwa aus ihrer Kindheit, so wie es ihnen einst übermittelt wurde. Diese erzähle ich neu, indem ich mich dem Sprachstil anzupassen versuche. Das Märchen lebt von der Poesie der Sprache.

Ich erfinde keine eigenen Märchen, ich sammle alte Texte, die ich überarbeite und in sprachlich angemessene Form bringe. Bis jetzt habe ich 48 Märchenbände herausgegeben. Bedeutende Dichter wie z. B. Wilhelm Hauff, Eduard Mörike, Theodor Storm und andere haben alle aus dem reichen Volksmärchenschatz geschöpft, aber eigene Märchen erfunden, die wir heute als »Kunstmärchen« bezeichnen.

Welchen Wert messen Sie heute – in einer Welt der hochtechnisierten Kommunikation – dem Märchenerzählen zu?
Durch Märchenerzählen arbeitet man der Vereinsamung des Menschen entgegen. In unserer hochtechnisierten Welt wird oft die Psyche des Menschen vergessen. Durch das Erzählen wenden wir uns dem Mitmenschen zu, Erzählen ist lebendige Kommunikation.

Was erleben Sie auf Ihren vielen Lese- und Erzähltourneen durch Deutschland und Europa?
Ich treffe Menschen jeden Alters und unterschiedlichster Herkunft und Lebenseinstellung. Immer wieder stelle ich fest: Märchen zeigen Muster zur Lebensbewältigung auf. Die Symbolsprache der Märchen erreicht jeden Menschen.

Bei meinen Märchenveranstaltungen erlebte ich viel positives Echo und Interesse, ja häufig auch Begeisterung, sei dies bei Gefängnisinsassen, die mir gespannt zuhörten, oder bei Managern einer großen Firma, die mich im Rahmen einer Fortbildungstagung für ihre Computerfachleute eingeladen hatten.

Dies habe ich vor kurzem erlebt: Eingeladen in einem Jugendhaus für schwererziehbare Jugendliche – sie nannten sich »Punkies«, waren tätowiert und trugen auffällige Metallketten –, wurde ich herablassend begrüßt: »Paah, Märchen, wir sind doch keine Babys mehr!« Nach dem Erzählen hat einer der Jugendlichen mir auf die Schulter geklopft und gesagt: »Du warst echt gei-eil!«

Sind Sie auch schon einmal im Fernsehen oder im Radio aufgetreten?
Ja, schon oft! Zum Beispiel in der Sendung »Mensch Leute« in der ARD, auch im ZDF, in ARTE und in einer Porträtsendung des SWR 3. Im Radio kommen häufig Märchensendungen mit mir.

Warum kommen in den Märchen der Welt immer wieder die ähnlichen Zaubergestalten und Motive vor?
Jakob Grimm hat einmal gesagt, dass es Zustände und Gedanken im menschlichen Leben gibt, die so einfach sind, dass sie immer und überall wiederkehren, und davon erzählen die Märchen. Über die Grenzen der Länder und Kulturen hinweg berichten Märchen von den Grundsituationen des Menschen, von Geburt und Tod, von Not und Glück, von Hass und Liebe. So sind Märchen auch völkerverbindendes Erzählgut.

Andererseits wurden Märchen durch Handelsschiffe und auf Handelswegen in andere Länder und Kontinente getragen, auf diese Weise sind z.B. die orientalischen Märchenstoffe zu uns gelangt. Im Märchen werden die

Mentalität und die Wesensart eines Volkes dargestellt. Wer in fremde Länder reist, sollte deren Märchen lesen!

(Das Interview fand im November 2006 statt.)

Märchenfrau: Stahlstich aus: »Kinder- und Hausmärchen« gesammelt durch die Brüder Grimm, 1857

Arbeitsanregungen

1. Die Brüder Jacob und Wilhelm Grimm haben nicht nur Märchen gesammelt. Was weißt du sonst noch über ihr Leben und ihre Arbeit? Schildere einen Arbeitstag der beiden Brüder, verfasse einen Dialog zwischen Jacob und Wilhelm!

2. Wie kamen die Märchensammlungen der Brüder Grimm zustande, d.h. aus welchen Quellen bezogen die Grimms ihre Texte? Wurden die Märchen wortgetreu aufgeschrieben?

3. Was ist der Unterschied zwischen den Märchen der Brüder Grimm einerseits und denen der Dichter Wilhelm Hauff, Eduard Mörike, Justinus Kerner und Theodor Storm andererseits?

4. Welche modernen Dichter schreiben auch heute noch Märchen? Kennst du neben den in diesem Buch genannten noch andere?

5. Du hast das Interview mit der Märchenerzählerin Sigrid Früh gelesen. Welche Fragen würdest du gerne stellen?

6. Stelle dir vor, du hättest einen Preis gewonnen und könntest die Märchenerzählerin Sigrid Früh eine Woche auf einer Märchentournee begleiten. Was würdest du dabei erleben? Schreibe einen Brief an eine Freundin oder einen Freund und berichte davon.

M

Entstehung

Wie alt sind unsere Märchen?

Das Erdtkuͤlin — 1560

»Das Erdtkuͤlin« ist das älteste deutsche Märchen in frühneuhochdeutscher Sprache. Frühneuhochdeutsch nennt man die historische Sprachstufe der deutschen Sprache zwischen dem Deutsch des Mittelalters (dem Mittelhochdeutschen) und dem heutigen Deutsch (dem Neuhochdeutschen). Der Zeitabschnitt der frühneuhochdeutschen Sprache wird ungefähr von 1350–1650 angesetzt. Das bekannteste Zeitzeugnis dieser Sprachstufe ist die Bibelübersetzung Martin Luthers von 1545.

Das meitlin kam fuͤrd thuͤrlin und klopffet an, begert, man sollte es einlassen. Das erdtkuͤlin antwort: »Ich lass dich warlich nicht herein, du verheissest mir dann, dein lebtag bey mir zů bleiben und mich nimmermehr zůvermeren.« Welches ime das meitlin gelobt, und alsbald ward es von dem erdtkuͤlin eingelassen. Und das erdtkuͤlin sagt: »Wol-an, du darffst nichts thůn weder eben mich des abents und morgens melcken. Darnach issetu die selbig milch vonn mir, so will ich dir seiden und sammat genůg zůtragen; darvon mach dir schoene kleyder, wie du sie begerest! Gedenck aber unnd sihe, das du mich nicht vermerest!

Barbara Stamer

Eine Zeitreise durch die Jahrhunderte 2007

Das Märchen als literarische Gattung ist nicht »uralt«, sondern erst seit dem Mittelalter schriftlich belegt (s. »Das Eselchen«, lateinisches Märchen aus dem Mittelalter, S. 23, und »Das Erdkühlein«, das älteste deutsche Märchen, S. 65). Da viele Märchen sich aus verschiedenen Erzählschichten zusammensetzen, können einzelne Motive, Märchenfiguren und Erzählteile auch wesentlich älter sein und z. B. auf die antike Literatur und Mythologie zurückgehen (s. »Die schöne Rhodopis«, Aelian, griechischer Dichter, 2. Jh. n. Chr.). Die Märchen im Kapitel »Der verzauberte Prinz« kann man z. B. alle von der antiken Erzählung »Amor und Psyche« des römischen Schriftstellers Apuleius (um 125 n.Chr.) ableiten.

Viele Märchen sind von Nachbarvolk zu Nachbarvolk »gewandert« oder wurden auf den Handels- und Schifffahrtswegen weitergetragen. Im 16. Jh. wurde von dem in Venedig lebenden Italiener Giovanni Francesco Straparola (1480–1557) die erste wesentliche Märchensammlung »Die ergötzlichen Nächte« als Buch gedruckt. Im 17. Jh. veröffentlichte der italienische Schriftsteller Giambattista Basile (1575–1632) eine 50 Märchen umfassende Sammlung »Der Pentamerone«; sie gilt als die erste berühmte Märchensammlung Europas.

In Frankreich gab im Jahre 1696 Charles Perrault eine Sammlung von sieben Märchen heraus, die einen noch stärkeren Einfluss auf die Erzähltradition der europäischen Märchen ausübte (u. a. »Die Feen« und »Aschenputtel und die gläsernen Schuhe«). Diese und andere französischen »Feenmärchen« (»Contes des fées«) wurden als Buchmärchen mündlich weitererzählt und gelangten so über Märchenerzählerinnen auch zu den Brüdern Grimm (s. S. 180ff.). So ist zu erklären, dass viele Grimmschen Märchen diesen älteren Texten von Straparola, Basile und Perrault ähneln, zum Teil genau gleichen. »Die Schöne und das Biest« (»La Belle et la Bête«) ist ebenfalls ein solches französisches Feenmärchen. Es wurde von Madame Leprince de Beaumont im Jahre 1757 geschrieben.

Aschenbrödel oder Geschichte vom gläsernen Pantöffelchen (Ausschnitt aus einem Bilderbogen), um 1835

Arbeitsanregungen

1. Lies »Das Erdkühlein« von 1560 auf S. 196 und suche im Textteil (S. 65 ff.) die entsprechende Stelle. Welche sprachlichen Unterschiede kannst du feststellen?

2. Vergleiche das antike Märchen »Die schöne Rhodopis« (S. 80) mit den anderen Märchen des Kapitels »Aschenputtel und Aschenhans«. Lies dazu im Grimmschen Märchenbuch das »Aschenputtel«. Welches sind die ältesten Motive dieses Märchens?

3. In der antiken Erzählung »Amor und Psyche« wird eine Schöne von einem geflügelten Drachen geraubt und in ein Schloss gebracht, wo sich das Ungeheuer in einen Götterjüngling verwandelt. Inwiefern ähnelt dieser Text den Märchen des 1. Kapitels (S. 10–63)?

4. Schlage bei den Brüdern Grimm nach: Welches Märchen gleicht am meisten dem französischen Märchen »Die Feen«?

5. Stelle einen Vergleich unter den Märchen der einzelnen Kapitel an. Welche Motive könnten »gewandert« sein? Erkennst du landestypische Beschreibungen?

6. Welche Märchen dieser Sammlung stammen von den Brüdern Grimm? Wann wurden sie zum ersten Mal gedruckt (s. Quellenverzeichnis S. 251 f.). Welche Märchen findest du in deinem Grimmschen Märchenbuch?

Der Froschkönig einmal anders

Brüder Grimm

Die Königstochter und der verzauberte Prinz _ 1810

Die jüngste Tochter des Königs ging hinaus in den Wald und setzte sich an einen kühlen Brunnen. Darauf nahm sie eine goldene Kugel und spielte damit, als diese plötzlich in den Brunnen hinabrollte. Sie sah wie sie in die Tiefe fiel und stand an dem Brunnen und war sehr traurig. Auf einmal streckte ein Frosch seinen Kopf aus dem Wasser und sprach: Warum klagst du so sehr. Ach! du garstiger Frosch antwortete sie, du kannst mir doch nicht helfen, meine goldene Kugel ist mir in den Brunnen gefallen. Da sagte der Frosch, wenn du mich mit nach Haus nehmen willst, so will ich dir deine goldene Kugel wieder holen. Und als sie es versprochen, tauchte er unter und brachte bald die Kugel im Maul wieder in die Höhe und warf sie ans Land. Da nahm die Königstöchter eilig ihre Kugel wieder und lief eilig fort und hörte nicht auf den Frosch, der ihr nachrief, sie solle ihn mitnehmen, wie sie ihm versprochen.

Und als sie nach Hause kam, setzte sie sich an die Tafel zu ihrem Vater, und wie sie eben essen wollte, klopfte es an die Türe und rief: Königstochter jüngste mach mir auf! Und sie eilte hin und sah, wer es war, da war es der hässliche Frosch und sie warf eilig die Türe wieder zu. Ihr Vater aber fragte, wer da sei und sie erzählte ihm alles. Da rief es wieder: Königstochter jüngste, mach mir auf, weißt du nicht was gestern du zu mir gesagt, bei dem kühlen Brunnenwasser, Königstochter jüngste, mach mir auf!

Und der König befahl ihr, dem Frosch aufzumachen, und er hüpfte herein. Dann sprach er: Setz mich zu dir an den Tisch, ich will mit dir essen. Sie wollte es aber nicht tun, bis dass es der König auch befahl. Und der Frosch saß an der Seite der Königstochter und aß mit. Und als er satt war, sprach er zu ihr: Bring mich in dein Bettlein, ich will bei dir schlafen. Das wollte sie aber durchaus nicht, denn sie fürchtete sich sehr vor dem kalten Frosch. Aber der König befahl es wiederum, da nahm sie den Frosch und trug ihn in ihre Kammer und voll Zorn fasst sie ihn und warf ihn mit aller Gewalt, wieder die Wand in ihrem Bett. Wie er aber an die Wand kam, so fiel er herunter in das Bett und lag darin als ein junger schöner Prinz, da legte sich die Königstochter zu ihm.

Und am Morgen kam ein schöner Wagen mit dem treuen Diener des Prinzen, der hatte ein solch großes Leid über die Verwandelung desselben gehabt, dass er drei eiserne Bande um sein Herz legen musste. Und der Prinz und die Königstochter setzten sich in den Wagen und der treue Diener stellte sich hinten auf und sie wollten in sein Reich fahren.

Und wie sie ein Stück Wegs gefahren sind, hört der Prinz hinter sich ein lautes Krachen. Da ruft er: Heinerich der Wagen bricht! Nein Herr, der Wagen nicht, es ist ein Band von meinem Herzen, das da lag in großen Schmerzen als ihr an dem Brunnen saßt, als ihr eine Fretsche wart.

Janosch

Froschkönig

1972

Es war einmal ein schöner, grüner Froschkönig, dessen Reich in einem kleinen Teich im Wald war. Jeden Tag schwamm er an eine Stelle, wo das Wasser einen Meter sechsundsiebzig tief war und spielte mit einer goldenen Luftkugel. Er ließ sie aufsteigen, schwamm ihr schnell nach, fing sie noch in letzter Sekunde auf bevor sie die Wasseroberfläche erreicht hatte, und war bald so geschickt, dass er sie noch einen Zehntel Millimeter unter der Oberfläche erwischen konnte.

Das war sein liebstes Spiel. Und einmal – er hatte an diesem Tag wohl schlecht geschlafen, war etwas nervös, auch blendete ihn die Sonne – griff er daneben, und die goldene Luftkugel entwischte ihm, flog hinaus und ging ihm verloren. Der Froschkönig erschrak, denn draußen auf dem Land war er nicht gut zu Fuß, und wo sollte er lange suchen? Möglicherweise flog die goldene Luftkugel auch in der Luft herum? Ein Frosch ist kein Vogel, wie hätte er sie fangen können?

Da fing er jämmerlich an zu weinen und zu quaken: »Was ist das für Unglück! Ach, du lieber Wassermann, was soll ich nur machen? Ich gäbe alles dafür, hätte ich die goldene Luftkugel nur wieder.«

Da steckte ein Mädchen ihren Kopf durch das Schilf und sagte: »Was jammerst du, Frosch?«

»Da soll ich nicht jammern«, sagte der Froschkönig. »Ich habe meine schöne goldene Luftkugel verloren. Sie muss dort oben irgendwo in der Luft schweben.«

Der schöne, grüne Frosch gefiel dem Mädchen aber

sehr gut, und sie verliebte sich in ihn und sagte: »Wenn du mich heiratest, fang' ich dir die goldene Luftkugel.«

Das Mädchen freilich gefiel dem Froschkönig überhaupt nicht, denn sie war nicht besonders schön. Sie hatte zu kurze Beine, war auch etwas zu dick und ihre Haare waren wie Stroh. Aber in seiner Not und weil er an der goldenen Luftkugel hing, dachte er: »Was redet sie da für dummes Zeug? Sie kann erstens gar nicht tauchen und vielleicht auch nicht schwimmen, außerdem ist sie doch ein Landmensch. Was will sie hier unten im Wasser?«

Dann sagte er: »Ja, ist gut. Aber bring mir schnell meine goldene Luftkugel!«

Das Mädchen fing ihm die Kugel, aber kaum hatte er sie, tauchte er unter und verschwand.

Und kaum war er unter Wasser, vergaß er auch das Mädchen, aber sie rief ihm nach: »Warte! Warte doch auf mich, mein lieber Mann! Hast du mir nicht die Ehe versprochen?«

Sie zog sich das Kleid aus und sprang ins Wasser.

Unten saß der Froschkönig in seinem Wasserschloss beim Essen, als es an die Tür klopfte und jemand rief: »Mach mir auf, Froschkönig! Lass mich herein, hier bin ich, deine liebe Frau!«

Der Froschkönig stellte sich taub, aß weiter und sie

rief wieder: »Froschkönig, mein Liebster! Mach doch endlich auf, hier bin ich, Suse, deine Frau!«

Da sagte der alte Vater des Froschkönigs, der als weise und gerecht galt und von allen Wassertieren sehr geehrt wurde: »Was ist das für ein Lärm, mein Sohn?«

»Ach«, sagte der schöne, grüne Froschkönig, »das ist so ein kümmerliches Mädchen, Beine zu kurz, Hintern zu dick, von oben bis unten keine Schönheit, die will mich heiraten. Aber sie gefällt mir nicht.«

»Wie kommt sie dazu?«, fragte der alte Froschkönigsvater. »Du wirst ihr doch nichts angetan oder ihr gar deine Pfote versprochen haben?«

Der schöne, grüne Froschkönig war etwas verlegen und sagte: »Nein, ja, ich meine – ich habe, nein – das heißt, das war so …«

»Also, mit der Sprache heraus«, sagte der alte Froschkönigsvater, »ich sehe schon, du hast ihr den Kopf verdreht. Geh hinaus und hole sie herein!«

Und vor der Tür rief das Mädchen:

Froschkönig, mein Liebster,
lass mich 'rein!
Weißt du nicht mehr, was du mir oben
im Schilf versprochen hast?
Froschkönig, Liebster,
lass mich doch endlich herein.

Als der schöne, grüne Froschkönig die Tür aufmachte und sie hereinkam und ihn so sah in seiner schönen grünen Farbe, die hier unten im Wasser in seinem Schloss noch viel, viel schöner war, verliebte sie sich noch mehr in ihn und wurde ganz verrückt davon. Sie setzte sich

neben ihn an den Tisch und aß von seinem goldenen Teller. Es gab Fliegen und Mückensalat, aber sie aß mit so viel Appetit, als wären es gezuckerte Himbeeren. Die Liebe macht wohl blind und taub und verwirrt die Sinne. Dann trank sie aus seinem goldenen Becher, aber es war wieder nichts anderes drin als Wasser aus dem Teich, doch es schmeckte ihr wie Honigmilch.

»Komm, mein lieber Mann«, sagte das Mädchen, »ich bin ja sooo müde.« Der schöne, grüne Froschkönig erschrak, wenn er daran dachte, dass er neben dem kümmerlichen Mädchen liegen sollte. Aber weil sein gerechter, alter Vater ihn so streng anschaute, nahm er das Mädchen bei der Hand und schwamm mit ihr in sein Gemach.

Doch kaum waren sie aus dem Saal, nahm der schöne, grüne Froschkönig das Mädchen in den Schwitzkasten und wollte sie im tiefen Wasser ertränken. Sie ließ das alles gutwillig mit sich geschehen, und kaum war sie tot, verwandelte sie sich in eine schöne, grüne Froschprinzessin, schöner als jede Froschprinzessin, die der Froschkönig je sah.

M

Da war der Froschkönig aber sehr, sehr froh, und er umarmte sie. Sie war seine Gemahlin und durch das Wasser schien von oben der Vollmond. Und immer, immer wieder erzählte ihm die schöne, grüne Froschkönigin, wie sie sich einmal als Froschkind zu weit vom Teich ihres Vaters weggewagt hatte, von einem Menschen gefangen worden war, in ein Glas gesteckt wurde und sich dann in ihrer letzten Not in einen Menschen verwandeln musste, um in dem Glas nicht elendig zu sterben. Damit aber kein anderer Mensch sie zur Frau nahm, wurde sie ein kümmerliches, hässliches Mädchen. Hätte sie nämlich oben auf dem Land geheiratet, hätte sie nie, nie wieder zurückgedurft ins kühle Wasser.

Arbeitsanregungen

1. Schlage nach, aus welcher Grimmschen Sammlung das Märchen »Die Königstochter und der verzauberte Prinz« stammt (S. 180f./S. 251f.). Inwiefern handelt es sich dabei inhaltlich und formal um die »Urfassung« des bekannten Froschkönigmärchens? Wie viele Jahre haben die Grimms das Märchen weiter bearbeitet und wann wurde die letzte Fassung gedruckt?

2. Vergleiche diesen Text mit dem dir bekannten »Froschkönig«-Märchen. Welche Unterschiede und welche Gemeinsamkeiten in der Handlung und in der Sprache kannst du feststellen? Lege eine Tabelle an.

3. Es heißt, dass die Brüder Grimm die Märchen, die ihnen erzählt wurden, wortgetreu aufgezeichnet hätten. Schreibe einen Leserbrief an eine Zeitung und widerlege als Märchenexperte diese Meinung.

4. Vergleiche die Grimmsche Fassung mit der von Janosch: Was hat sich bei der Personengestaltung und im Handlungsverlauf geändert, was ist gleich geblieben? Inwiefern könnte man Janoschs Fassung als »Verwirr-Märchen« bezeichnen? Schreibe anschließend selbst ein witziges »Verwirrmärchen«.

5. Vergleiche das Märchen von Janosch mit dem Volksmärchen »Iwan-Zarewitsch und Zarewna Frosch«, in dem ebenfalls Personen vertauscht werden.

Verstehen und Deuten

Einführung

Peter Bekes / Barbara Stamer

Ein Lesetagebuch führen ______________ 2004/2008

Mit dem Lesetagebuch begleitest und dokumentierst du deine Lektüre dieses Buches. Das bietet den Vorteil, dass du dich später besser an das Gelesene erinnern kannst. Das Lesetagebuch ist ein Dokument, das du selbstständig schreibst und gestaltest und in dem du deine Eindrücke und Beobachtungen vor, während und nach der Lektüre festhältst. Hier kannst du auch deine Leseerwartungen, deine persönlichen Interessen an bestimmten Problemen des Textes deutlich machen. Äußere deine eigene Meinung und begründe sie.

Die Märchen dieses Bandes sind in vier Kapitel eingeteilt, die jeweiligen »Leitmärchen« der Brüder Grimm sind in den vier Illustrationen zu Beginn der Kapitel versteckt, ihr habt sie bestimmt schon erraten?!

Alle Märchen, so unterschiedlich sie auch sind – sie wurden aus mehreren Zeitepochen und verschiedenen Ländern und Kulturen ausgewählt –, sind durch gleichbleibende Märchenelemente/-motive und -figuren untereinander verbunden. Diese Verbindungen sollt ihr auf eurer Märchenreise durch Europa entdecken und in eurem Lesetagebuch festhalten und aufschreiben. In Partnerarbeit und im Unterrichtsgespräch könnt ihr eure Ergebnisse vergleichen und diskutieren!

Wie man ein solches Lesetagebuch einrichten und führen könnte:

1. Richte für dein Lesetagebuch ein DIN-A5-Heft, ein DIN-A4-Heft oder eine Mappe (einen Ordner) ein.
2. Schreibe an jedem Tag, an dem du in diesem Märchenband liest, in dein Lesetagebuch. Halte alle Beobachtungen und Überlegungen fest, die du beim Lesen machst.
3. Versieh jede Eintragung mit dem aktuellen Datum, dem Titel des Märchens, der Seiten- und Zeilenzahl; so kannst du deine Notizen bei der Unterrichtsbesprechung schnell wieder finden.
4. Unterstreiche im Textteil die für dich wichtig erscheinenden Passagen und kennzeichne sie nach eigenem System mit Farben (z. B. Übereinstimmungen der Märchenmotive mit Rot, Unterschiede mit Blau, etc.).
5. Sammle eigene Informationen zu Sachbegriffen und Autorinnen/Autoren: Benutze dazu neben dem Quellenverzeichnis und den Anmerkungen dieses Bandes eigene Lexika oder informiere dich im Internet.
6. Suche Bilder, Fotos und Zeichnungen, welche die Texte veranschaulichen, erklären, deuten.
7. Illustriere selbst einzelne Szenen, Figuren und Situationen der Texte durch Zeichnungen und Comics.

M

Das könntest du alles während deiner Lektüre in dein Lesetagebuch schreiben oder zeichnen:

Der verzauberte Prinz und andere Tiergestaltige

1. Welchen Tieren begegnest du in den Märchen dieses Kapitels? Welche Verwandlung erfahren sie? Entdeckst du alle diese Tiere auf dem Bild auf Seite 10?

2. Vergleiche das russische Märchen »Iwan-Zarewitsch und Zarewna Frosch« mit dem bekannten Grimmschen Märchen »Der Froschkönig«: Verwende dazu entweder dein eigenes Märchenbuch der Brüder Grimm oder die frühe Fassung des Froschkönigs aus dem Jahre 1810. (S. 200 f.). Welche Unterschiede/ Ähnlichkeiten stellst du fest? Lege eine Tabelle an.

3. Zähle Namen, Begriffe und Satzwendungen auf, die den landestypischen Charakter des russischen Märchens (S. 15 ff.) kennzeichnen.

4. Welche Bedeutung hat die Verbrennung des »Tierkleides« in den Märchen dieses Kapitels? Vergleiche die entsprechenden Textstellen dieser Märchen miteinander. (Kennzeichne diese mit Farben.)

5. Welche Märchen könnte man als »Tierbräutigam/ Tierbrautmärchen« bezeichnen? Warum? Schreibe für diese Märchen eine Inhaltsangabe, die in ihrer Allgemeinheit auf jedes Tierbäutigam/Tierbrautmärchen passen könnte. Nenne du noch andere Märchen dieser Art.

6. An welche(s) Märchen erinnert dich »Von dem Winter- und Sommergarten«?

7. Wilhelm Hauff verwendet in seinem Kunstmärchen »Kalif Storch« (S. 42 ff.) das Motiv der Tierverwandlung. In welchen Volksmärchen dieser Sammlung entdeckst du

auch solche und ähnliche Tierverwandlungen? Vergleiche.

8. Woran erkennst du, dass dieser Text ein Kunstmärchen ist? Lies dazu Seite 216 ff. Notiere dazu Beispiele und kennzeichne die Textstellen.

9. Versetze dich in die Rolle des Kalifen Storch und belausche andere Tiere, was sie auf »Storchisch« reden. Entwirf ein »Storchengespräch«.

10. Beschreibe die schöne Lau (S. 57 ff.). Wer ist sie? Male die schöne Lau in ihrem »Saal« unter dem Blautopf (mit Tieren und Zofen!). Welches Märchen berichtet von ähnlichen Wasserwesen?

11. Betrachte die Zeichnung des Regisseurs Marcel Keller auf Seite 246. Welche Idee hatte er zur Inszenierung der Schönen Lau als Theaterstück?

12. Woran erkennt man, dass der Text Mörikes ein Kunstmärchen ist? Kannst du auch Elemente des Volksmärchens entdecken? (Lies dazu den Artikel auf Seite 216 ff.)

Froschkönig (Ausschnitt aus einem Bilderbogen), 1856

M

Aschenputtel und Aschenhans

1. Welche dir bekannten Märchen entdeckst du in dem »Erdkühlein« (S. 65 ff.)?
2. Vergleiche das rote Kälbchen in dem englischen Märchen »Das Binsenkittelchen« (S. 74 ff.) mit dem Erdkühlein. Welche zauberischen Fähigkeiten haben diese Märchentiere?
3. Vergleiche das Motiv des Schuhs in allen Aschenputtelvarianten dieses Kapitels. Kennst du noch andere Aschenputtelversionen, in denen der Schuh eine Rolle spielt? Betrachte dazu auch das auf Bild Seite 79.
4. In diesem Kapitel begegnest du auch zwei männlichen Aschenputtel-Gestalten: Wie heißen sie? Inwiefern sind sie mit dem weiblichen Aschenputtel zu vergleichen? Notiere Ähnlichkeiten und Unterschiede.
5. Warum könnte man Wassilissa (S. 93 ff.) als ein russisches Aschenputtel bezeichnen? Beschreibe die Eigenschaften der russischen Hexe Baba Jaga. Vergleiche sie mit Hexen in anderen Märchen und Büchern.
6. Zähle Namen, Begriffe und Satzwendungen auf, die den landestypischen Charakter des norwegischen Märchens »Der Aschenhans und die silbernen Enten« (S. 81 ff.) kennzeichnen.
7. Inwiefern kann man Peter Rühmkorfs »Der Hüter des Misthaufens« den Aschenputtel-Märchen zuordnen? Welche Motive aus dem Volksmärchen verwendet der Autor? (Lies dazu Seite 216 ff.)
8. Untersuche das Kunstmärchen Rühmkorfs nach sprachlichen Gesichtspunkten. Erstelle eine Liste von Beispielen.

9. Schreibe einen witzigen Schluss des Märchens »Der Hüter des Misthaufens«. Schlüpfe in die Rolle einer der drei »quieklebendigen« Töchter, z. B. Suselmusel.

Im Zauberreich der Frau Holle

1. Betrachte die Illustration des Kapitels auf Seite 114. Die Frau Holle-Gestalt hat viele Gesichter. Beschreibe sie. Wie sehen die Holle-Gestalten der Märchen dieses Kapitels aus, wie heißen sie? Kannst du sie dieser Abbildung zuordnen? (Kennzeichne die entsprechenden Stellen in den Texten.)

2. Der Märchentext »Das Murmeltier« (S. 115 f.) ist uns in der ältesten Märchensammlung der Brüder Grimm aus dem Jahr 1810 überliefert. Überprüfe, inwiefern es sich um eine Frau Holle-Variante handelt. Vergleiche den Text mit der dir bekannten Grimmschen Fassung. Welche Unterschiede kannst du feststellen?

3. Finde heraus, wann Charles Perrault das Märchen »Die Feen« (S. 117 ff.) geschrieben hat, und vergleiche die Jahreszahl mit dem Erscheinungsdatum der verschiedenen KHM-Ausgaben der Brüder Grimm. (Siehe Textquellen, S. 252 ff. und die Biografie der Brüder Grimm, S. 180 ff.).

4. Kannst du in dem Märchen »Die Feen« die Figuren der Goldmarie, Pechmarie und Frau Holle entdecken?

5. Welche Ähnlichkeiten zeigen die beiden Märchentexte »Das Murmeltier« und »Die Feen«?

6. Lies das Märchen »Die Katzenmühle« (S. 120 ff.) und betrachte dazu noch einmal die Kapitel-Illustration. Welche »Gaben« für Gold- und Pechmarie kannst du darauf erkennen?

7. Wie stellst du dir diese »Hexenkatzen« vor? Wenn du Lust hast, male sie oder eine dieser Szenen.
8. Die Gaben der Frau Holle – Pech und Gold – werden in den verschiedenen Varianten durch andere »Geschenke« ersetzt. Welche? Lege eine Tabelle an.
9. Spinnrad, Spindel und gesponnener Flachsfaden sind Symbole der Frau Holle. Siehe Anmerkung S. 255 und im Arbeitsheft »Das Märchen und das Spinnrad«. Lies die Sage »Frau Hollen Teich« (S. 221). Inwiefern könnte man die Gestalt der Frau Holle als »Erdmutter« oder Fruchtbarkeitsgöttin der Vorzeit bezeichnen (s. Abb. S. 221 und Anmerkung S. 256)?
10. Jetzt kannst du auch einen Zusammenhang zwischen »Frau Holle« und der »Regentrude« (S. 132ff.) herstellen. Vergleiche ihre Beziehung zu den Menschen und was sie in der Natur bewirken.
11. Das Kunstmärchen »Goldener« (S. 140ff.) wurde später in verschiedene Volksmärchen-Sammlungen übernommen. Welche Motive aus dem Volksmärchen kannst du feststellen?

Die schlafende Schöne

1. Betrachte die Kapitel-Illustration auf Seite 146. Welche bekannten Märchen entdeckst du?
2. In den vier Märchen dieses Kapitels findest du drei schlafende Schöne – beschreibe sie. Wodurch fallen sie in den Zauberschlaf? Wer erweckt sie wieder?
3. In welchem Märchen findet ein »Rollentausch« statt: die schlafende Schöne wandelt sich in einen schlafenden Schönen? Welche Verwechslungen kannst du sonst noch feststellen?

4. Nenne aus dem türkische Märchen »Die Geschichte von dem Kristallpalast und dem Diamantschiff« (S. 160 ff.) landestypische Sitten und Bräuche, Erzählelemente, Motive und Begriffe. Unterstreiche die entsprechenden Passagen im Text.

5. In dem Dornröschen-Märchen der Brüder Grimm (s. Abb. S. 173) schlummert die schöne Prinzessin bekanntlich hinter einer Dornenhecke. Wo aber befindet sich das griechische und das österreichische »Dornröschen« und wie werden sie erlöst?

6. Das österreichische Dornröschen-Märchen (S. 174 ff.) ist ins bäuerliche Umfeld eines Bergdorfes verlegt. Woran kannst du dies erkennen? Zähle Beispiele auf (Personen, Tiere, Örtlichkeiten, Requisiten, etc.).

7. Das griechische Märchen »Die Königstochter im Zauberturm« (S. 156 ff.) enthält Motive aus der griechischen Sage und Mythologie. Welche?

8. Vergleiche das schweizerische Schneewittchen (S. 147 ff.) mit dem Grimmschen Text. Welche Unterschiede und welche Ähnlichkeiten kannst du feststellen?

Sneewittchen, (Ausschnitt aus einem Bilderbogen), 1890

M

Was ist ein Märchen?

Barbara Stamer

Der Unterschied zwischen Volksmärchen, Kunstmärchen und Sage

2008

Märchen gehören zu den ursprünglichsten und traditionsreichsten Erzählformen aller Völker der Welt. Das deutsche Wort »Märchen« ist von dem mittelhochdeutschen Wort »maere« abgeleitet und bedeutet so viel wie »Kunde, Bericht, kurze Erzählung«.

Märchen sind Geschichten von fantastisch-wunderbaren Gegebenheiten aus einer jenseitigen Zauberwelt, ohne zeitliche und räumliche Festlegung. Übernatürliche Gestalten, z.B. redende Tiere und Pflanzen, Riesen, Zwerge, Drachen, Feen, Hexen und Zauberer greifen ganz selbstverständlich in die Alltagswelt der Märchenhelden/heldinnen ein, helfen ihnen bei der Lösung ihrer Schwierigkeiten und bringen Glück und Erlösung.

Märchen sind ursprünglich keine Kinderliteratur, sie wurden zur Unterhaltung von Erwachsenen für Erwachsene erzählt, im Orient und in den Mittelmeerländern vorwiegend von Männern.

Internationale Märchenforscher haben festgestellt, dass vielen europäischen Volksmärchen (den sogenannten Zaubermärchen) über die Ländergrenzen hinweg ein gleiches Schema zu Grunde liegt:

1. Handlung und Aufbau: Auszug – Weg – glückliches Ende

Der Märchenheld/die -heldin kommen unverschuldet in eine Notlage (Armut/Tod der Eltern/ Verfolgung). Sie ziehen in die Welt und können – meist nach langen Irrwegen – durch die Mithilfe jenseitiger Märchengestalten (Hexe, gute Fee, sprechendes Tier, etc.) und durch Zauberrequisiten (Zauberschwert, Flöte, Spinnrädchen, etc.) alle Schwierigkeiten und tödliche Gefahren überwinden und Glück und Erlösung finden (Heirat der Prinzessin, des Prinzen).

2. Die Märchenpersonen

Die Gestalten und Personen des Märchens trennen sich scharf in Gut und Böse, Schön und Hässlich, das Märchen lebt vom Kontrast. Die Märchenfiguren sind keine wirklichen Personen, sie bleiben allgemein und haben meistens keine Namen, es sind einfach König, Prinzessin, Prinz, Stiefmutter, Handwerksbursche oder Mädchen. Tiere und Pflanzen können sprechen und handeln, ganz selbstverständlich finden Verwandlungen zwischen Mensch, Tier und Pflanze statt.

3. Darstellungsart

Die Sprache des Volksmärchens ist einfach und klar. Grammatisch zeigt sich dies in einer Reihung von Hauptsätzen (Parataxe), gleichbleibenden Adjektiven (z.B. schön/gut/hässlich/böse), den Wiederholungen von formelhaften Sätzen, Versen, Reimen, Zaubersprüchen und fest geprägten Anfängen und Schlüssen des Märchens. Auch die Farben (rot/ weiß/ schwarz) und die Metalle (kupfern /silbern / golden) sind gleichbleibende Märchenelemente. Die Dreizahl und damit das Prinzip der Steigerung bestimmen die Struktur des Märchens. Zeit und Ort bleiben unbestimmt und allgemein.

Volksmärchen sind Märchen, die längere Zeit in der mündlichen Überlieferung gelebt haben, bis sie von Märchensammlern aufgezeichnet und als Buchmärchen veröffentlicht wurden. Insbesondere Mitte des 19. Jahrhunderts haben sich Märchensammler/-innen (wie die Brüder Grimm) in vielen europäischen Ländern sich für Volkserzählungen interessiert, diese zusammengetragen und aufgeschrieben.

Die Volksmärchen gelten als völkerverbindendes Erzählgut, da sie über die Sprachgrenzen hinweg gemeinsame inhaltliche Bedeutungen haben. Märchen bieten Modelle zur Lösung von Problemen und Konflikten an, deshalb wurden sie jahrhundertelang mündlich oder schriftlich weitergegeben. Bis heute haben sie ihre Faszination behalten.

Das **Kunstmärchen** wird von einem einzelnen Schriftsteller nach eigenen Ideen entworfen, wobei manchmal auch bestimmte Motive und Gestalten aus den bekannten Volksmärchen mit aufgenommen werden, die dann frei ausgestaltet, umgeformt oder auch verfremdet werden.
Die Handlung des Kunstmärchens ist im Gegensatz zum Volksmärchen vielschichtig und länger: Mehrere Handlungsstränge greifen ineinander oder laufen nebeneinander her. Der Sprachstil des Kunstmärchens ist komplizierter als die einfache Erzählweise des Volksmärchens:

Grammatisch finden sich vermehrt Hypotaxen (Satzgefüge mit Haupt- und Nebensätzen), abwechslungsreiche Adjektive, weniger Wiederholungen und feste Formeln. Das Kunstmärchen wird vom Autor als Buchmärchen veröffentlicht.

Die Übergänge zwischen »Kunstmärchen« und »Volksmärchen« sind jedoch fließend, da sich in der Überlieferung der Märchenstoffe bereits bei den Brüdern Grimm – und später noch viel stärker – mündliche und schriftliche Tradition wechselseitig beeinflussten. (siehe Biografie Brüder Grimm, S. 180f.).

Die **Sage** ist eine zunächst mündlich überlieferte Erzählung, die von ungewöhnlichen, fantastischen und beunruhigenden Ereignissen berichtet, die im Gegensatz zum orts- und zeitlosen Märchen an wirkliche Geschehnisse anknüpft, diese aber in freier Fantasie umgestaltet und ausschmückt. Es sind z. B. Berichte über Hexen, Zwerge, Riesen und andere Dämonenwesen, die in die Alltagswelt der Menschen eingreifen und Schrecken, Grauen und Tod bringen. Manche Sage (z. B. griechische oder nordische Sagen) berichtet von Helden, die das Maß des Alltäglichen überschreiten, von Göttern und Halbgöttern, die in das menschliche Leben eingreifen.

Die Sage kennt meistens keinen guten Ausgang. Das Interesse und die Erforschung der Sagen ging von den Brüdern Grimm aus; sie gaben 1816/18 eine erste Sammlung von Volkssagen heraus (»Deutsche Sagen«).

M

Brüder Grimm

Frau Hollen Teich

1818

Auf dem hessischen Gebirg Meißner weisen mancherlei Dinge schon mit ihrem bloßen Namen das Altertum aus, wie die Teufelslöcher, der Schlachtrasen oder sonderlich der Frau Hollen Teich. Dieser, an der Ecke einer Moorwiese gelegen, hat gegenwärtig nur vierzig der fünfzig Fuß Durchmesser; die ganze Wiese ist mit einem halb untergegangenen Steindamm eingefasst, und nicht selten sind auf ihr Pferde versunken.

Fuß altes Längenmaß, ca. 30 cm

Von dieser Holle erzählt das Volk vielerlei, Gutes und Böses. Weiber, die zu ihr in den Brunnen steigen, macht sie gesund und fruchtbar; die neugeborenen Kinder stammen aus ihrem Brunnen und sie trägt sie daraus hervor. Blumen, Obst, Kuchen, das sie unten im Teiche hat und was in ihrem unvergleichlichen Garten wächst, teilt sie denen aus, die ihr begegnen und zu gefallen wissen. Sie ist sehr ordentlich und hält auf guten Haushalt; wann es bei den Menschen schneit, klopft sie ihre Betten aus, davon die Flocken in der Luft fliegen.

Faule Spinnerinnen straft sie, indem sie ihnen den Rocken besudelt, das Garn wirrt oder den Flachs anzündet; Jungfrauen hingegen, die fleißig abspinnen, schenkt sie Spindeln und spinnt selbst für sie über Nacht, dass die Spulen des Morgens voll sind. Faulenzerinnen zieht sie die Bettdecken ab und legt sie nackend aufs Steinpflaster; Fleißige, die schon frühmorgens Wasser zur Küche tragen in reingescheuerten Eimern, finden Silbergroschen darin.

Gern zieht sie Kinder in ihren Teich, die guten macht sie zu Glückskindern, die bösen zu Wechselbälgen. Jährlich geht sie im Land um und verleiht den Äckern Fruchtbarkeit, aber auch erschreckt sie die Leute, wenn sie durch den Wald fährt, an der Spitze des wütenden Heers. Bald zeigt sie sich als eine schöne weiße Frau in oder auf der Mitte des Teiches, bald ist sie unsichtbar, und man hört bloß aus der Tiefe ein Glockengeläut und finsteres Rauschen.

Wechselbalg **von Dämonenwesen untergeschobenes missgestaltetes Kind**

Tellus Mater – die Erdmutter – mit Symbolen ihrer Fruchtbarkeit. Relief, Rom 13–9 v. Chr.

Ernst Meier

Hexen stehlen Kinder

1852

Eine Frau aus Derendingen hatte ein Kind geboren, das lange nicht getauft wurde. Als nun die Mutter in der Nacht einmal aufwachte und ihr Kleines säugen wollte, war es fort und nirgends zu finden. Da kam der Mann eben nach Haus und die Frau klagte und sagte: »Ach, ich habe mein Kind nicht mehr!« Sprach der Mann: »Das hat gewiss eine Hexe gestohlen. Als ich auf dem Heimwege war, schrieen da so viele Katzen in einem Garten, dass mir es auffiel. Ich will doch sogleich einmal hingehen.«

Darauf nahm der Mann seinen Säbel in die Hand und begab sich in den Garten und wie er hinkam, bildeten da die Katzen einen Kreis und mitten drinnen sah er sein Kind sitzen; auf dem tanzten sie herum, dass es laut schrie. Da nahm er sein Kind und wehrte mit dem Säbel die Katzen ab, die ganz wild wurden; zwei aber verfolgten ihn bis an seine Haustür. Hier sprang auf einmal die eine auf ihn los; er aber versetzte ihr mit dem Säbel einen kräftigen Hieb auf die Brust, worauf er plötzlich seines Nachbars Frau erbärmlich schreien hörte. Die hatte auch richtig von dem Hiebe eine große Wunde in der Brust, dass sie schier ums Leben gekommen wäre; und seitdem wusste man gewiss, wer die Hexe war, die das Kind gestohlen.

Das Hexentrio von Lincoln, 1619

Arbeitsanregungen

1. In diesem Buch findest du Volks- und Kunstmärchen. Ohne die Texte zu kennen, kannst du den Unterschied im Inhaltsverzeichnis bereits erkennen. Woran?

2. Nicht nur die Grimms haben Volksmärchen in Deutschland gesammelt. Wie heißen Märchensammler in anderen Ländern? Aus welchem Jahr stammen ihre Sammlungen? (s. Quellenverzeichnis, S. 251)

3. Vergleiche in *einem* Kapitel zwei Märchen aus verschiedenen Ländern. Untersuche sie nach Handlung/Personen/Darstellungsart (S. 218 ff.). Welche Ähnlichkeiten stellst du fest? Worin bestehen landestypische Unterschiede?

4. Untersuche, ob Märchen über Ländergrenzen hinweg ähnliche Motive haben. Sammle dazu Märchenelemente wie: Reime und Zauberformeln, gute und böse Personen, bestimmte Farben, die Dreizahl, Zauberrequisiten, Märchenanfänge und -schlüsse.

5. Nennt Unterschiede zwischen Kunst- und Volksmärchen. Vergleiche z. B. die »Regentrude« mit der »Holundermutter«.

7. Die Märchenerzählerin Sigrid Früh gibt in ihrem Interview (S. 189 ff.) verschiedene Antworten auf die Frage, was ein Märchen ist und welche Bedeutung ihm zukommt. Berichte.

M

Märchenwerkstatt

Rafik Schami

Der fliegende Baum

1987

Auf einem kleinen Feld lebten einst ein alter, knorriger Apfelbaum und ein junger, hochgewachsener Aprikosenbaum. Sie hatten genug Platz zum Leben und standen so weit auseinander, dass keiner im Schatten des anderen leben musste. Von Jahr zu Jahr brachte der Aprikosenbaum immer mehr Blüten hervor, und der alte Apfelbaum regte sich über seinen Nachbarn auf.

»Du trägst viel zu viele Blüten. Die Bienen haben kaum noch Zeit, die meinen zu befruchten.«

»Ich bin nun mal fleißig«, antwortete der Aprikosenbaum stolz, »und die Bienen auch. Du bist alt und taugst höchstens noch für den Ofen.«

Diese Zankereien hörten zum Ende des Frühlings hin auf, denn die emsigen Bienen hatten die Blüten beider Bäume bestäubt. Im Sommer strahlte dann der Apfelbaum.

»Was für miese Früchte trägst denn du? Es sind viel zu viele, bei der kleinsten Windböe fallen sie dir herunter. Schau her, jeder Apfel ist ein Stern. Kein Wunder, dass der Bauer euch nur noch zu Marmelade zerquetscht. Ein jämmerlicher Marmeladenheini bist du!«, spottete der Apfelbaum und schaute stolz auf seine großen, rotbackigen Apfel.

»Wasserkopf! Aus dir wird ja nur ein geschmackloser Saft gepresst. Ein ganz billiger Saftladen bist du!«

Doch als der Herbst ins Land zog, redeten die Bäume

immer weniger miteinander; denn ihre Früchte waren geerntet und sie wussten nicht, worüber sie sich noch streiten sollten. Sie langweilten sich den ganzen Tag, bis der Winter den Herbst ablöste, dann fielen sie in tiefen Schlaf.

Eines schönen Tages im Frühjahr jedoch drängte sich ein kleiner Baum aus dem Boden ans Licht der Welt. Als erster bemerkte ihn der Apfelbaum. »Dieser Aprikosenschuft hat heimlich einen Kern in den Boden geschlagen und bald wird der Bauer mich abholzen und nur noch Aprikosenbäume auf seinem Land beherbergen. Ich bin alt und trage von Jahr zu Jahr weniger. Der Bauer lässt nicht einen Apfel am Boden verkommen, sodass ich mich an keinem einzigen Sprössling erfreuen kann!«

»Guten Morgen!«, grüßte der kleine Baum fröhlich und erschreckte den Aprikosenbaum, der damit beschäftigt gewesen war, den Bienen den Hof zu machen.

»Guten Morgen! Wer bist denn du?«, fragte dieser erstaunt zurück. Er dachte dabei im stillen, der Apfelbaum wolle den Bauern auf seine alten Tage mit einem Spross verführen.

»Iiich? Ein Baum!«

»Ja, gut, aber was für einer?«, fragten die beiden Alten im Chor.

»Das weiß ich nicht. Genügt es nicht, ein Baum zu sein?«

»Nein, du musst etwas Bestimmtes werden! Schau, Aprikosen sind am fleißigsten. Gefallen sie dir nicht?«, sprach der Aprikosenbaum schmeichelnd.

»Ja, doch«, antwortete der junge Nachbar und bekam sogleich zwei zierliche Aprikosenblätter.

»Lass dich, junger Freund, von dem Marmeladentrottel nicht einmachen. Äpfel sind das Schönste auf der Welt!« Der Apfelbaum sprach so überzeugend, dass der kleine Baum zwei Apfelblätter bekam.

»So geht es nicht! Du musst dich entscheiden. Apfel oder Aprikose?«, erboste sich wieder der andere Nachbar.

»Ich weiß es noch nicht! Ich brauche doch Zeit!«, wunderte sich der junge Baum.

»Armer Trottel!«, stöhnten die beiden Alten und kümmerten sich wieder um die Bienen. Der kleine Baum beobachtete die Sonne und sie gefiel ihm, weil sie so rund und leuchtend war. Kurz vor ihrem Untergang bekam er ein rundes Blatt. Es wurde dunkel, aber der junge Baum war so aufgeregt, dass er nicht schlafen konnte. Es war seine erste Nacht. Die Sterne grüßten ihn und alsbald erkannte er, dass kein Stern dem anderen glich, jeder hatte eine andere Geschichte. Der Mond verzauberte seinen Zuhörer mit Erzählungen, bis er in der Dämmerung in Schlaf fiel.

Am nächsten Morgen staunten die Nachbarn über die vielen neuen Blätter, einige sahen wie Sterne aus, und aus dem Wipfel ragte ein kleiner Stiel, der einen grünen Halbmond trug.

»Das kann ja heiter werden«, spottete der Apfelbaum.

»Du Nichtsnutz, jeder Baum trägt nur eine Art von Blättern und kümmert sich um seine Früchte«, belehrte ihn der Aprikosenbaum.

»Warum denn? Ist es nicht wunderbar, Sterne und Monde zu tragen?«

»Nein, wozu?«

»Sie erzählen doch die schönsten Geschichten!«

»Was nutzt einem Baum das schönste Märchen. Früchte musst du tragen.«

»Ich finde aber Geschichten sehr schön. Könnt ihr mir auch welche erzählen?«

»Das wird ja immer lustiger! Geschichten, sagst du?«

»Ja! Ihr seid doch alt genug, oder?«, fragte der junge Baum.

»Ich kann keine Geschichten erzählen. Ich kann dir aber die Wahrheit sagen«, stöhnte der Aprikosenbaum.

»Und was ist die Wahrheit?«

»Die Erde ist eine große Aprikose! Das ist die Wahrheit.«

»Er lügt«, unterbrach giftig der Apfelbaum. »Das ist ein Märchen. Die Wahrheit ist, die Erde ist ein runder Apfel.«

Über diesem Streit vergaßen die beiden Nachbarn den kleinen Baum. Eine Schwalbe jagte mit graziösem Flug eine Mücke. Plötzlich sah sie den prächtigen Baum.

»Du siehst aber komisch aus. Was bist du denn für einer?«

»Ich weiß es noch nicht. Ich bin ein Baum, genügt das nicht?«

»Doch, doch! Ich finde dich toll«, rief die Schwalbe.

»Kannst du Geschichten erzählen?«

»Na, du bist vielleicht ein komischer Kerl! Aber warte, ich komme gleich mit einer Freundin zurück. Sie erzählt am besten von uns allen!«, und sie flog davon.

Nach kurzer Zeit kam sie mit einer anderen Schwalbe zurück. Die kicherte erst einmal, als sie die wundersame

Blätterpracht sah; denn sie hatte gedacht, dass ihre Freundin reichlich übertrieben hätte. Sie ließ sich auf einem wippenden Zweig nieder und kramte ihre schönsten Geschichten aus dem Gedächtnis hervor. Schwalben sind die besten Märchenerzähler. Sie reisen um die ganze Welt und nisten unter den Dächern der Häuser und Ställe. Sie sehen und hören viel und können sich an alles erinnern. Die Schwalbe erzählte dem jungen Baum lange über die bunte Welt und als er am Schluss voller Bewunderung fragte, ob die Erde wie eine Schwalbe aussähe, fiel sie vor Heiterkeit fast von ihrem Zweig. Seitdem glaubte der junge Baum nicht, dass die Erde wie ein Apfel oder wie eine Aprikose aussieht.

Als der Herbst kam, verabschiedeten sich die Schwalben schweren Herzens und flogen in den Süden. Der junge Baum dachte traurig die ganze Nacht an seine Freunde und in der Morgendämmerung entfalteten sich zwei Schwalbenblätter an seinen Ästen.

»Höre endlich auf, neue Blätter in die Welt zu setzen, der Herbst kommt«, riet ihm der Apfelbaum. Doch der kleine Baum wunderte sich nur über die Blässe, die alle Blätter der beiden Nachbarn verfärbte.

»Warum werdet ihr so bleich?«

»Das muss so sein, sonst können wir den Winter nicht überleben.«

»Warum?«

»Das war schon immer so!«, rief der Aprikosenbaum und der Wind fegte viele seiner Blätter hinweg.

»Lass deine Blätter fallen!«, brüllte der Apfelbaum in den tosenden Wind.

»Ich liebe aber meine Blätter!« Der Kleine umklammerte sie trotzig und verteidigte sie verbissen gegen die Wut des Sturmes.

Der Winter zog ins Land und verbreitete eisiges Schweigen. Einsam und verlassen fühlte sich der kleine Baum. Er zitterte mehr vor Angst als vor der Kälte. Um seine Angst zu besiegen, fing er an, sich die Geschichten der Schwalben zu erzählen.

»Lass uns schlafen!«, schimpfte der Apfelbaum. »Früchte tragen will er nicht, aber eine große Klappe hat der junge Nachbar«, nörgelte der Aprikosenbaum, und die beiden Gegner waren sich zum erstenmal einig.

Es war ein kalter Winter, der Himmel geizte mit Regen und Schnee. Je kälter es wurde, um so mehr dachte der junge Baum an die Schwalben und träumte von ihren Geschichten.

Ermüdet und fast verdurstet erwachten die Bäume aus ihrem Winterschlaf. Sie schlugen ihre Wurzeln tief in die ausgedörrte Erde, um etwas Feuchtigkeit aufzuspüren. Ihre Zweige streckten sich weit hinauf, den spärlichen Tau aufzusaugen. Verzweifelt versuchte auch der junge Baum, seinen Durst zu stillen. Seine feinen Wurzeln stießen auf der Suche nach Wasser aber immer wieder auf die kräftigen Wurzeln seiner Nachbarn. Sie versperrten ihm den Weg, und als er sie um etwas Platz bat, riefen sie:

»Tut uns leid, Junge, wir müssen später unsere Früchte ernähren.«

Oft träumte der Baum vom Regen und von den Wolken, und seine jungen Blätter ähnelten den Bildern seiner Träume.

Die Schwalben hörten sich den Kummer ihres Freundes an, der keine Märchen mehr hören wollte. Wenn ein

Baum Durst und Hunger hat, mag er keine Geschichten hören.

»Meine Nachbarn lassen mir kaum Platz. Könnt ihr mir nicht helfen?«

»Wie denn?«, fragten die Schwalben besorgt. »Ich will mit euch in den Süden ziehen, denn hier werde ich den nächsten Winter nicht überleben.«

Als die Schwalben sich im Herbst sammelten, um in den Süden zu fliegen, verabschiedete sich der kleine Baum von seinen Nachbarn.

»Was heißt hier, lebt wohl! Ein Baum reist nirgendwohin!«, empörte sich der Aprikosenbaum.

»Doch! Wenn einer nichts mehr zu essen und zu trinken hat, dann reist er fort, egal ob er ein Baum oder eine Schwalbe ist.«

Der junge Baum packte mit seinen Wurzeln etwas Erde und reckte seine Zweige hoch hinauf. Hunderte von

Schwalben zogen ihn aus der staubigen, trockenen Erde und flogen mit ihm davon.

»So einen verrückten Baum habe ich noch nie gesehen!«, sagte der Aprikosenbaum und gähnte herzhaft, und der Apfelbaum nickte zustimmend. Die Schwalben flogen immer höher. Sie eilten ohne Rast in den Süden. Der kleine Baum erblickte staunend Berge, Täler und Flüsse. Nach mehreren Tagen erreichten sie gemeinsam ihr Ziel.

»Wo wollt ihr hin?«

»In die Felswand dort drüben«, antworteten die Schwalben.

»Können Bäume in Felsen leben?«

»Nein, das nicht, aber du kannst dort unten im Wald leben!«

Der kleine Baum schaute sich den dichten Wald an. »Nein! Dort gibt es keinen Platz. Tragt mich hinunter zum silbernen Fluss! Dort kann ich leben.«

Die Schwalben glitten hinab und setzten den kleinen Baum sanft auf das Wasser. »Wir werden dich besuchen!«, riefen sie und flogen zu ihren Nestern in der Felswand.

Das Wasser trug den Baum hinunter bis zu einer ruhigen Flussbiegung. Erfreut über das kühle Wasser begann der Baum, sich den Staub der weiten Reise von seinen Blättern abzuwaschen.

»Was bist du für ein komischer Fisch?«, hörte er plötzlich eine leise Stimme. Ein kleiner roter Fisch starrte ihn verwundert an.

»Der liegt einfach so auf dem Wasser und schwimmt. Meine Güte, wir müssen uns abrackern, damit wir nicht umkippen.«

M

»Wer bist du?«, drängte sich ein schwarzer Fisch vor.

»Ich bin ein Baum!«

»Ein Baumfisch? So etwas habe ich noch nie gehört!«

»Können Baumfische alle so gut schwimmen?«, fragte neugierig der rote Fisch.

»Weiß ich nicht! Ich kann es«, antwortete der junge Baum verlegen.

»Bäume müssen ganz tolle Fische sein«, schwärmte der schwarze Fisch, und der junge Baum fühlte sich überglücklich. Er erzählte von seiner Reise, und nach einer Weile hörte ihm ein großer Fischschwarm zu. Viele junge Fische schwärmten davon, eines Tages zu fliegen, aber ältere Fische schüttelten den Kopf über den kleinen redseligen Baum. Ob alt oder jung, einerlei, sie lauschten seinen spannenden Geschichten und freuten sich über den neuen Nachbarn. Fische reden in der Regel wenig und hören gerne zu. Während aber der junge Baum sich wusch und den Fischen erzählte, löste das Wasser die Erdkrumen aus seinen Wurzeln.

»Ich habe Hunger«, rief er.

»Und was essen Baumfische?«, fragte ihn ein kleiner roter Fisch.

»Erde und Sonne schenken mir das Leben, dafür muss ich gerade stehen. Wir Bäume können nur aufrecht leben. Helft mir, bitte, meine Wurzeln in den Boden zu schlagen.«

Ein großer Fischschwarm packte seine Wurzeln und zog sie in die Tiefe. Das Wasser tat das seine dazu, und nach mehreren Versuchen stand der Baum aufrecht. Er grub seine Wurzeln tief in den weichen Boden. Stolz, doch etwas ermüdet schauten die Fische den Baum an und staunten über die vielen jungen Blätter, die wie grüne Fische aussahen. An diesem ersten Tag erzählte der Baum den Fischen Märchen bis in die Nacht hinein.

Als er erwachte, stand die Sonne bereits hoch am Zenit. Kein einziger Fisch war weit und breit zu sehen. Er rief nach ihnen, aber sie schienen seine Stimme nicht zu hö ren.

»Ein Pelikan lauert in der Nähe«, erklärte ihm eine Schwalbe, die vorbeisegelte und seine besorgten Rufe vernahm. »Deshalb flüchten alle Fische.«

Plötzlich fühlte sich der junge Baum an seine Einsamkeit im Norden erinnert. Eine große Wut auf den Pelikan packte ihn. »Habt keine Angst vor dem Pelikan! Ich bin doch euer Freund!«, rief der junge Baum den Fischen zu. »Solange ich in der Nähe bin, wird kein Pelikan der Welt euch auch nur eine Schuppe ausreißen.«

Erst nach mehreren Rufen wagte sich ein kleiner schwarzer Fisch aus seinem Versteck heraus. »Hast du keine Angst vor dem Pelikan?«, fragte er den jungen Baum mit dünner Stimme.

»Nein! Ich werde ihm zeigen, was ein Baum ist!«, seine Zweige peitschten das Wasser. Er kannte den Pelikan nicht und Bäume haben keine Angst vor jemandem, den sie nicht kennen. Fische jedoch kennen den Pelikan. Deshalb wagten sich nur drei kleine Fische heraus und drückten sich eng an den Stamm ihres Freundes.

Plötzlich krachte es. Hoch aufspritzendes Wasser nahm dem jungen Baum die Sicht. Wie durch einen Schleier sah er aus dem Sprudel den Pelikan auftauchen. Die drei Fische waren verschwunden. Wütend streckte der junge Baum seine Zweige aus und packte den Pelikan am Hals. Dieser zappelte wild, konnte sich aber nicht befreien. Der Baum zog den Pelikan zu sich heran und haute ihm mit einem kräftigen Ast über den Kopf.

»Tu das nicht noch einmal! Gib sofort meine Freunde heraus!«, brüllte er den erschrockenen Vogel an.

»Was geht das dich an! Du bist doch nicht ihr Vater!«, krächzte der Pelikan heiser und japste nach Luft, denn die Zweige schnürten ihm den Hals zu.

»Ich bin nicht ihr Vater, doch wohl ihr Freund. Spuck sie aus!« Er schüttelte den Pelikan und gab ihm noch einen Hieb auf den Kopf. Der Pelikan fürchtete um sein Leben. Er sperrte seinen großen Schnabel auf, und die kleinen Fische konnten ins Wasser springen.

»Kommt alle heraus und schaut euch den Pelikan an!«, rief der Baum und immer mehr Fische kamen aus ihrem Versteck. Sie lachten zum erstenmal über den Pelikan, der gefangen in den Zweigen hing und wütend mit seinen Flügeln schlug.

»Verschwinde und lass dich hier nie wieder blicken!«, befahl der Baum und versetzte dem Pelikan noch einen Schlag auf den Hintern. Die Fische sahen erfreut zu, wie der Vogel das Weite suchte.

»Es gibt kein größeres Unglück als die Freundschaft der Bäume mit den Fischen«, fluchte der Pelikan und verschwand.

Doch dieses Unglück bereitete den Fischen ein großes Vergnügen. Fröhlich tanzten sie um den Stamm ihres Freundes herum wie leuchtende Ringe. Und wer sie genau belauschte, der konnte die Fische zum erstenmal singen hören.

Astrid Lindgren

Immer lustig in Bullerbü 1975

Und ich beeilte mich, die Kröte zu fangen. Denn jeder Mensch weiß doch, dass Kröten fast immer verzauberte Prinzen sind. In den Märchen, meine ich. Inga wusste das auch, und sie wurde neidisch auf mich und meine Kröte. [...] Aber gerade da sah ich eine kleine Kröte, die auf dem Grabenrand saß, und da sagte ich:

»O meine verzauberte kleine Kröte!«

»Ach, bitte, darf ich sie einmal halten«, bat sie.

»Halte du deine weißen Kaninchen«, sagte ich.

Aber Inga bat und bettelte, und da durfte sie meine Kröte eine Weile halten. »Stell dir vor, wenn es nun wirklich ein verzauberter Prinz ist«, sagte Inga.

»Der Faulbaumduft hat dir den Kopf verwirrt«, sagte ich. Aber dann dachte ich darüber nach. Vielleicht duftete der Faulbaum wirklich so stark in der Sonne, dass auch ich im Kopf verwirrt wurde. Denn plötzlich dachte ich doch: Wer will denn genau wissen, ob diese Kröte nicht doch ein verzauberter Prinz ist? Zu der Zeit, in der es verzauberte Prinzen gab, hatte es sicher auch gewöhnliche Kröten gegeben, die keine Prinzen waren. Und da konnte es doch geschehen sein, dass irgendeiner von den verzauberten Prinzen vergessen worden war – nur weil die Menschen gedacht hatten, es sei so eine ganz gewöhnliche Kröte. Und wenn sich damals keine Prinzessin bemüht hatte, ihn zu küssen, dann musste er bis in alle Ewigkeit eine Kröte bleiben Der Ärmste! Hier saß er nun im Graben von Bullerbü und war übriggeblieben. Ich fragte Inga, ob sie das nicht auch glaube. Sie glaubte es auch.

»Hm, dann haben wir nur noch eins zu tun: Wir müssen ihn küssen, damit der Zauber schwindet.«

»Igittigittigitt«, sagte Inga.

Aber da sagte ich zu ihr, wenn die Prinzessinnen in früheren Jahren genauso dumm und zimperlich gewesen waren wie sie, würden heutzutage sämtliche Gräben voll von verzauberten Prinzen sein.

»Aber wir sind doch keine richtigen Prinzessinnen«, lenkte Inga ein.

»Deshalb müssen wir es doch versuchen. Wenn wir uns gegenseitig helfen, geht es vielleicht.«

»Dann fang du an, Prinzessin Goldregen«, sagte Inga und hielt mir den verzauberten Prinzen hin. Ich setzte ihn auf meine Handfläche und sah ihn mir an.

Als ich daran dachte, dass ich ihn küssen sollte, hatte ich ein unangenehmes Gefühl im Magen. Aber das half mir jetzt nichts.

Da fiel mir etwas anderes ein.

»Du Inga, wenn es wirklich ein verzauberter Prinz ist, dann denk bitte nachher daran, dass es meine Kröte war.«

»Was meinst du damit?«, fragte Inga.

»Nun, wegen der Prinzessin, die er dann heiratet, und wegen des halben Königreiches – du weißt schon!«

Aber da wurde Inga wütend.

»Wenn ich dir helfe, ihn zu küssen, dann gehört er mir genauso gut wie dir«, sagte sie. »Er soll nachher selbst wählen!«

Und wir machten aus, dass der Prinz selbst entscheiden sollte, ob er Prinzessin Goldregen oder Prinzessin Goldlack haben wollte. Und dann sagte ich:

Eins, zwei, drei,
bei vier ist es vorbei,
beim fünften Male schallt es,
beim sechsten Male knallt es.

Ich kniff die Augen zusammen und küsste die Kröte.

»Sicher ist er besonders stark verzaubert«, sagte Inga, als sich kein Prinz sehen ließ. »Ich glaube, es lohnt sich kaum, dass ich ihn noch küsse.«

»Versuch nur nicht, dich zu drücken«, sagte ich. »Bitte sehr, Prinzessin Goldlack!«

Da nahm sie die Kröte und küsste sie sehr schnell. Sie hatte es so eilig, die Kröte zu küssen, dass sie sie in der Eile in den Graben fallen ließ. Und husch, husch – fort war die Kröte.

»Du Nuss«, rief ich. »Da zieht er ab, unser verzauberter Prinz.«

»Weißt du was«, sagte Inga, »es müssen sicher echte Prinzessinnen sein, wenn es bei einem solchen Scheusal wirken soll.«

M

Bilderstory: »Es war einmal eine Prinzessin ...« 1967

Cartoon »Prinz Charles« 1985

M

Arbeitsanregungen

1. Das Märchen beflügelt unsere Fantasie, die Gesetze der Wirklichkeit sind häufig aufgehoben; zeige dies anhand des Märchens von Rafik Schami (S. 224 ff.). Erfinde dazu ein »Parallellmärchen«, in dem ähnlich fantastische Dinge vorkommen, z. B. fliegende Blumen, Pflanzen, Tiere, Häuser, Autos …

2. Lies den Text von Astrid Lindgren (S. 235 ff.). Stelle dir vor, du führst ein ähnliches Gespräch über ein »Märchentier«, z. B.: »Eines Tages blickte mich meine Katze mit ihren geheimnisvollen Augen an. Jeder weiß doch, dass Katzen verzauberte …«(?!) Erzähle weiter.

3. Schreibe einen witzigen Märchentext zu der Bilderstory (S. 238), die so beginnt: »Es war einmal eine Prinzessin, die einen Frosch fand …

4. Zeichne selbst eine Bildergeschichte oder einen Comic mit Sprechblasen, indem du die Handlung veränderst und nach eigenen Ideen gestaltest. Überlege dir vorher eine lustige Pointe.

5. Betrachte den Cartoon »Prinz Charles« (S. 239):
   a) Versetze dich in die Rolle eines Detektivs, der die Lösung des Falls in einem Bericht beschreibt.
   b) Schreibe einen Märchen-Krimi. Verwende möglichst viele Details aus der Zeichnung.
   c) Zeichne selbst einen Cartoon zu einem anderen Märchen deiner Wahl.

Wirkung und mediale Gestaltung

Märchen im Film, Musical und auf dem Theater

»Cinderella« 1950

»Cinderella« ist einer der ersten weltberühmten Zeichentrickfilme Walt Disneys aus dem Jahr 1950. Grundlage der Handlung, die Disney jedoch stark abgeändert hat, ist das französische Feenmärchen »Aschenputtel oder der kleine gläserne Schuh« von Charles Perrault.

Die Produktion des Filmes dauerte damals insgesamt sieben Jahre und benötigte 300 Zeichner und eine Million Zeichnungen. Die Chemiker des Disneylabors verbrachten mehrere Monate mit der Herstellung der Farben, um die Szenen möglichst wirklichkeitsgetreu herzustellen.

Handlung des Films

Die schöne Cinderella lebt bei ihrer hartherzigen Stiefmutter und den neidischen Stieftöchtern Anastasia und Drisela, die sie zu demütigen versuchen und mit schwerer Arbeit überhäufen. Cinderella jedoch singt und tanzt trotz ihres schweren Schicksals mit ihren Freunden, den Tieren, insbesondere mit den Mäusen Jack und Karli.

Als der Prinz alle heiratsfähigen Mädchen zu einem Ball aufs Schloss einlädt, muss Cinderella zuhause bleiben und schwere Arbeit verrichten. Ihre Freunde, die Mäuse und die Vögel, helfen ihr ein wunderschönes Ball-

kleid zu nähen, das jedoch die neidischen Stiefschwestern sofort in Fetzen reißen. Gerade als Cinderella darüber unendlich traurig ist, erscheint eine gute alte Fee und zaubert ihr nicht nur ein prächtiges Ballkleid und gläserne feine Schuhe, sondern auch ein Kutsche herbei, mit der sie zum Ball fährt. Sie ist die Schönste auf dem Ball, der Prinz tanzt mit ihr bis Mitternacht. Dann endet der Zauber, sie muss fliehen und verliert dabei eines ihrer gläsernen Pantöffelchen.

Der Prinz, verliebt in Cinderella, möchte sie wiederfinden und lässt im ganzen Königreich nach der Besitzerin des gläsernen Schuhes suchen. Die böse Stiefmutter sperrt Cinderella ein, jedoch ihre zwei Freunde, Karli und Jack, finden den Schlüssel und befreien sie. Durch das hinterlistige Eingreifen der bösen Stiefmutter zerbricht der gläserne Schuh, Cinderella jedoch zieht das zweite gläserne Pantöffelchen aus der Tasche – es passt natürlich! Der Prinz feiert eine prächtige Hochzeit mit Cinderella.

»Drei Haselnüsse für Aschenbrödel« 1974

»Die drei Haselnüsse für Aschenbrödel« ist einer der bekanntesten Märchenfilme, der von vielen europäischen Fernsehstationen ausgestrahlt wird. Der Film entstand nach Motiven des gleichnamigen Märchens der tschechischen Schriftstellerin Božena Nemcová, welches das Grimmsche Motiv vom Aschenputtel variiert. Der Film hat weltweit viele Filmpreise gewonnen und wurde in Tschechien zum besten Märchenfilm des 20. Jahrhunderts gewählt.

Die Verfilmung des Märchenstoffs verwandelt die Märchengestalten in lebensechte und humorvoll dargestellte Personen. Wie alle Märchen-Aschenputtel wird auch Aschenbrodel von der bösen Stiefmutter und Stiefschwester als Magd schlecht behandelt und unterdrückt. Sie jedoch ist ein mutiges, flinkes und unerschrockenes Mädchen, das den Prinzen neckt und herausfordert. Der Film präsentiert uns ein lebensfrohes und emanzipiertes Aschenputtel, das durch ihre Courage und Frechheit beeindruckt.

Courage
Mut

Umschlag zur DVD

Bildszenen aus dem Film »Drei Haselnüsse für Aschenbrödel«

»Das Stuttgarter Hutzelmännlein und die Schöne Lau« 2003

M

Theaterkritik, Stuttgarter Zeitung, 10.11.2003

[…] Es ist zu berichten von einem wundersamen Abend im Stuttgarter Staatsschauspiel, das sich als diesjähriges Kinderstück Eduard Mörikes Märchen vom »Stuttgarter Hutzelmännlein« vorgenommen hat. Ein durchaus riskantes Unterfangen. Zwar wurde zur Sicherheit die Dramatisierung in die Hände des gewieften TV-Drehbuchautors Felix Huby gegeben. Aber die Handlung bleibt schon verzwackt. Auf über hundert Minuten kommt die Inszenierung schließlich. Doch, oh Wunder – diese hundert Minuten lang sind die vielen Kinder im Zuschauerraum mucksmäuschenstill und gespannt.

Neben Mörike und Huby ist das vor allem dem Regisseur Marcel Keller zu verdanken (der auch die Bühne und die Kostüme geschaffen hat) […] Was er ihnen zeigt, ist tatsächlich eine alte Geschichte, ein Märchen, spannend, lustig, geheimnisvoll, gruselig. Es ist nichts Alltagliches, was wir auf der Bühne zu sehen bekommen. Es ist etwas ganz Besonderes, etwas Ungewöhnliches, etwas anderes. Es ist: Theater.

Das Besondere: es fängt an mit der Bühne, einer großen Häuserwand mit unzähligen Fenstern und Türen, Zinnen und Türmchen, hinter denen es blinkt und blitzt, raucht und irrlichtert, wo Gesichter auftauchen und verschwinden […] Das geht weiter mit dem schönen Schwäbisch, das gesprochen wird, und das eben nicht nur irgendein volkstümliches Lokalkolorit darstellt, sondern den Eigenwert der Geschichte markiert.

Lokalkolorit **das Besondere einer Gegend**

Das ist noch lange nicht am Ende mit den geheimnisvollen großen Figuren des Puppentheaters, die von fünf Spielern geführt werden. Natürlich kann man diese Spieler sehen. Aber wie sie dann behutsam die Schöne Lau aus dem Blautopf aufsteigen lassen, wirkt die Figur da nicht plötzlich echt und lebendig? Voller Würde? Muss man da nicht mit offenem Mund zusehen? Man muss.

Ja, und dann die Schauspieler. Sie agieren und sprechen im Ton des Märchens, frech, witzig, zugespitzt.

[...] Da ist an erster Stelle Marcus Michalski als Schustergesell Seppe zu nennen [...]. Besonders ihm ist es zu verdanken, dass hier das spätromantisches Märchen nicht als rührseliger Jahresendzeitkitsch daherkommt, sondern als spannendes Gleichnis, als Erzählung von Aufbruch und Entwicklung, von Gefahren und vom Erlösen [...]

Marcel Kellers Zeichnung

Theaterkritik, Frankfurter Allgemeine, 10.11.2003

[...] Felix Huby hat Mörikes Erzählung in ein hinreißendes, höchst unterhaltsames Bühnenstück »für Wasserfrauen und Landratten ab 8 Jahren« verwandelt, das im Stuttgarter Schauspielhaus uraufgeführt wurde [...]

Mörike hat in sein Märchen vom Hutzelmännlein von Stuttgart ein zweites

Märchen eingebettet, die betörende »Historie von der Schönen Lau«, einem bildschönen Wasserweib, das im Blautopf bei Blaubeuren, in einer Quelle von geradezu unwahrscheinlichem Blau, lebt. […]

Kunstvolle Puppen wirken mit, […] auch die Blaubeurer Ereignisse werden von Puppen dargestellt, wobei die silberglänzende Schöne Lau eher wie eine Popsängerin aussieht und kaum wie eine elegische Wasserfee, die erst Kinder bekommen kann, nachdem sie dreimal gelacht hat. Sie schafft es natürlich. Und Huby hat es geschafft, Mörikes Geschichte mit ihrer sanften Poesie und ihrem lebensvollen Humor auf die Bühne zu bringen und den rechten Ton zwischen romantischem Traum und ganz unidyllischer Realität zu treffen. […]

elegisch **wehmütig**

Aus der Stuttgarter Inszenierung

»Die Schöne und das Biest« 1994

»Die Schöne und das Biest« (engl. *Beauty and the Biest*) ist ein Musical, das in Anlehnung an den gleichnamigen Walt-Disney-Zeichentrickfilm geschrieben wurde. 1994 fand im Palace Theatre auf dem Broadway in New York die Weltpremiere statt und erreichte bis 2007 rund 25 Millionen Menschen in 13 Ländern der Welt (u.a. in Tokio, Mexiko-Stadt, Buenos Aires, Madrid, Seoul, Amsterdam, Melbourne, Berlin).

Inhalt der Handlung

Die Schöne lebt mit ihrem Vater in einem kleinen Dorf. Während eines Unwetters gerät ihr Vater an ein großes unheimliches Schloss und wird dort von einem schrecklichen Ungeheuer gefangen genommen und in den Kerker geworfen.

Einst war das Ungeheuer ein schöner, jedoch hartherziger Prinz und seine Schlossdiener normale Menschen. In einer kalten Winternacht suchte eine arme, hässliche Frau im Schloss Zuflucht und bot dafür dem Prinzen eine Rose. Als dieser sie jedoch herzlos abweist, verwandelt sie sich in eine Zauberin und belegt das ganze Schloss mit einem furchtbaren Fluch: der Prinz verwandelt sich in ein schreckliches Ungeheuer, sein Gefolge in Hausratsdinge wie Teetassen, Besen, Gabeln, Leuchter und Möbel.

Der Fluch kann nur gebrochen werden, wenn der Prinz trotz seiner Gestalt als Ungeheuer geliebt wird und er diese Liebe erwidern kann. Dies muss sich rechtzeitig ereignen, bevor die Zauberrose alle Blütenblätter verloren hat. Um ihren Vater zu befreien, bietet die Schöne sich selbst im Tausch an und wird zur Gefangenen des Biests. Das Ungeheuer versucht nun die Zuneigung der jungen Frau zu gewinnen, was ihm zunächst nicht gelingt, obwohl er sie mit Reichtum und vielen Annehmlichkeiten überhäuft.

Heimwehkrank bittet sie das Biest, ihren Vater besuchen zu dürfen. Dieser lässt sie schweren Herzens ziehen und schenkt ihr einen Zauberspiegel, in dem sie stets das Ungeheuer im Schloss sehen kann. Als die Dorfbewohner sich entschließen, die Schöne zu befreien und das Biest zu töten, bekommt die Schöne Mitleid mit dem Ungeheuer. Gerade fällt das letzte Rosenblatt zu Boden, als sie ihm ihre Liebe gesteht. Das bricht den Zauber und das Biest verwandelt sich in einen schönen Prinzen und mit ihm der ganze Hofstaat.

M

Arbeitsanregungen

1. Welches Märchen hat Walt Disney dem Film »Cinderella« zugrunde gelegt? (Siehe S. 241 und Abb. S. 79 und 198) Vergleiche die Handlung mit dem Grimmschen Aschenputtel und dem »Binsenkittelchen«.

2. Stelle Gemeinsamkeiten zwischen den Zaubertieren Schimmel und Eule (im Film), dem Erdkühlein und dem Kälbchen in »Das Binsenkittelchen« fest.

3. Vergleiche Charaktereigenschaften der verschiedenen Aschenputtelfiguren in den Märchen und den Verfilmungen. Welches Aschenputtel gefällt dir am besten?

4. Lies die beiden Theaterkritiken (S. 245 ff.). Berichte über die Aufführung und welche Rolle die Figuren des Puppentheaters spielen. Betrachte dazu die Fotografie aus der Stuttgarter Inszenierung S. 247.

5. Was stellt die Zeichnung des Regisseurs dar? Vergleiche die Zeichnung mit dem Foto.

6. Versetze dich in die Rolle eines Theaterregisseuers und inszeniere eine Szene mit Kostümen und Requisiten. Führt sie im Klassenzimmer auf.

7. Vergleiche die Inhaltsangabe des Musicals »Die Schöne und das Biest« mit dem Märchen »Von dem Sommer- und Wintergarten«. Woher stammt dieser Märchenstoff? (Siehe S. 248 ff. und 11 f.)

Textquellen

Bibliografie der Märchentexte (Reihenfolge der Texte im Buch)

Von dem Sommer- und Wintergarten, Brüder Grimm, Kinder- und Hausmärchen, Ausgabe von 1812 als Nr. 68. In den späteren Sammlungen ist der Text nur noch in den Anmerkungen von »Das singende springende Löweneckerchen« (KHM 88) enthalten.

Iwan Zarewitsch und Zarewna Frosch (Originaltitel: *Zarin Frosch*), A.N.Afanasjew, Norodnye russkie skazki, Moskau 1861; aus dem Russischen von Paul Walch, neu erzählt von Sigrid Früh. In: Barbara Stamer (Hg.), Märchen von Nixen, Frankfurt/M.: Fischer Tb, 1993.

Das Eselchen, aus: »Asinarius«, um 1200 entstandene mittellat. Versnovelle vom Eselsprinzen. Aus dem Lat. übertr. u. leicht gek. v. Erich Ackermann. In: Die sieben Schwäne, Märchen des Mittelalters, Frankfurt/M. 1986.

Die Schwanenprinzessin, Volksmärchen aus Polen, aus dem Märchenarchiv von Sigrid Früh, gesammelt und aufgezeichnet 1978.

Das Katzenschloss, Capar Decurtius, Märchen aus dem Bündner Oberlande, Chur 1874.

Der Robbenfänger und der Wassermann, E.Grierson, The Scottish Fairy Book, London 1910, aus dem Englischen von Marlies Hörger u. Sigrid Früh.

Kalif Storch, Wilhelm Hauff's sämmtliche Werke, Stuttgart 1840.

Die schöne Lau (Auszug), Eduard Mörike, Sämtliche Werke, München 1964.

Das Erdkühlein, Martin Montanus, in: »Gartengesellschaft«, Kapitel 5: »Ein schöne History von einer Frawen mit zweyen Kindlin«. Straßburg 1559. Aus dem Fnhd. u. dem jetzigen Sprachgebrauch angepasst v. Barbara Stamer. In: Barbara Stamer (Hg.), Märchen von Dornröschen und dem Rosenbey, Frankfurt/M.: Fischer Tb, 1991.

Das Binsenkittelchen, Josef Jacobs, More English Fairy Tales, London 1884. Aus dem Englischen v. Barbara Stamer.

Die schöne Rhodopis, in: Erich Ackermann (Hg.), »Märchen der Antike«, Frankfurt a.M. 1989.

Aschenhans und die silbernen Enten, P. Chr. Asbjörnsen/J. Moe, Norwegische Volksmärchen, übers. v. Gertrud Brock-Utne, Tano Verlag, 1985.

Ritt auf den Glasberg. Nach mündlicher Überlieferung, bearbeitet und neu erzählt von Sigrid Früh. In: Barbara Stamer (Hg.) »Märchen von Dornröschen und der Rosenbey«, ebd.

Wassilissa die Wunderschöne, Alexander N. Afanaßjew, Russische Volksmärchen, Deutsch von Anna Meyer, Wien 1906. In: Barbara Stamer (Hg.), Märchen vom Feuer, Frankfurt/M.: Fischer Tb, 1996.

Der Hüter des Misthaufens, Peter Rühmkorf, Die Märchen, Reinbek: Rowohlt, 2007.

Das Murmeltier, Brüder Grimm, Die älteste Märchensammlung der Brüder Grimm, Synopse der handschriftlichen Urfassung von 1810 und der Erstdrucke von 1812, hrsg. von Heinz Rölleke, Cologny-Genève 1975.

Die Feen, Charles Perrault, in: Französische Volksmärchen aus älteren Quellen; übers. v. Ernst Tegethoff, Jena: Diederichs, 1923; bearb. v. Barbara Stamer.

Die Katzenmühle, J.R. Bünker, Schwänke, Sagen und Märchen in heanzinischer Mundart. In: Barbara Stamer (Hg.) Katzenmärchen, Krummwisch bei Kiel: Königsfurt, 2006.

Die Holundermutter, Volksmärchen aus Lothringen. In: Schwarze Madonna im Märchen, hg. von Sigrid Früh und Kurt Derungs, Bern: librino edition austria, 1998.

Die Regentrude (Auszug), Theodor Storm, Sämtliche Werke, Leipzig 1919/20.

Goldener, Justinus Kerner, aus: »Die Heimatlosen«, Gesamtwerke in 4 Bänden. Hg. vom Justinus Kerner Verein in Weinsberg, Weinsberg 1909.

Schneewittchen und die zwölf Räuber (Originaltitel: »Das Waldvögelchen«), Johannes Jegerlehner, Am Herdfeuer der Sennen, Bern o.J.

Die Königstochter im Zauberturm (Originaltitel: »Die verzauberte Königstochter oder der Zauberturm«). In: G. Schmidt, Griechische Märchen, Sagen und Volkslieder, Leipzig 1877.

Die Geschichte vom Kristallpalast und dem Diamantschiff. In: Otto Spies (Hg.), Türkische Märchen, Köln: Diederichs, 1967, gekürzt von Barbara Stamer.

Der lange Schlaf, V. Geramb und R. Pramberger, Märchen aus Steiermark, Jena 1926.

Textquellen – Materialteil

Grimm, Jacob und Wilhelm: Die Königstochter und der verzauberte Prinz, aus der handschriftlichen Sammlung von 1810. In: Die wahren Märchen der Brüder Grimm. Hrsg. Heinz Rölleke, Frankfurt a.M. 1989.

Grimm, Jacob und Wilhelm: Frau Hollen Teich. In: Deutsche Sagen, vollständige Ausgabe nach dem Text von 1891, Darmstadt 1982.

Janosch: Der Froschkönig, Janosch erzählt Grimms Märchen, Weinheim und Basel 1972.

Lindgren, Astrid: Immer lustig in Bullerbü, Hamburg: Oetinger, 1956.

Meier, Ernst: Hexen stehlen Kinder. In: Deutsche Sagen, Sitten und Gebräuche aus Schwaben, Stuttgart: Metzler, 1852.

Montanus, Martin: Das Erdkühlein (Auszug, Originalausgabe in Fnhd.). In: Schwankbücher (1557–1566), Gartengesellschaft Kap. 5, Hg. Johannes Bolte, Hildesheim/ New York 1972

Schami, Rafik: Der fliegende Baum. In: Das letzte Wort der Wanderratte, Märchen, Fabeln und phantastische Geschichten, München: dtv, 1994.

Bildquellen

Umschlag und Illustrationen im Innenteil: Ingo Lehnhof, Braunschweig.
Seite 10, 64, 114, 146: Scherenschnitte Hedwig Goller.
Seite 12: Richard Doyle. In: Madame Leprince de Beaumont »Die Schöne und das Tier«, Insel, Frankfurt 1977, S. 26.
Seite 16, 18, 95, 96: Iwan Bilibin. In: Wassilissa, die Wunderschöne, Insel, Frankfurt 1974, S. 30, 33, 10, 7.
Seite 43, 44, 46: Eugen Hanezog. In: Schönste Märchen von Wilhelm Hauff, Verlag Jugendhort, Berlin o. J., S. 13, 12, Vorsatz.
Seite 63: Bildarchiv Werner Otto, Oberhausen.
Seite 79: Gustav Doré. In: Charles Perrault, Feenmärchen aus alter Zeit, 1862, Verlag Lothar Borowsky, München o. J., S. 107.
Seite 80: In: Ägypten - Menschen, Götter, Pharaonen. Benedikt Taschen, Köln 1999, S. 108.
Seite 127: Deutsches Literaturarchiv, Marburg.
Seite 173: Wilhelm Simmler. In: Märchen, Sagen und Abenteuergeschichten, hg. V. Jochen Jung. Heinz Moos Verlag München1974, S. 57.
Seite 180, 183, 186: akg-images, Berlin.
Seite 185: ullstein-bild, Berlin.
Seite 187: Peitsch-Photo, Hamburg.
Seite 188: picture-alliance, Frankfurt/M. / dpa / Maurizio Gambarini.
Seite 189: picture-alliance, Frankfurt/M. / dpa / Bernd Weißbrod.
Seite 194: picture-alliance, Frankfurt/M. / akg-images.
Seite 198: Anonym. In: Märchen, Sagen und Abenteuergeschichten, hg. V. Jochen Jung. Heinz Moos Verlag München1974, S. 41.
Seite 203, 205, 206: © 2008 Janosch film & medien AG, Berlin.
Seite 211: Otto Speckter. In: Märchen, Sagen und Abenteuergeschichten, hg. V. Jochen Jung. Heinz Moos Verlag München1974, S. 65.
Seite 215: Hermann Vogel. ebd., S. 15.
Seite 221: bridgemanart.com / Ara Pacis, Rom, Italien.
Seite 222: Erhard Oeser. Katze und Mensch, Wissenschaftliche Buchgesellschaft Darmstadt, S. 100.
Seite 237: mauritius images, Mittenwald / Brand X Pictures.
Seite 238: Bilderstory aus Harper´s Magazin. In: Lutz Röhrich, Wage es, den Frosch zu küssen!, Diederichs, Köln, 1987, S. 62-63.
Seite 239: CCC, www.c5.net / Haitzinger.
Seite 242 o., 244: dfd, Hamburg./244 u.l. ullstein-bild, Berlin / KPA.
Seite 242 m.: Cinetext, Frankfurt/M.
Seite 243: Icestorm Entertainment GmbH, Berlin.
Seite 246: Marcel Keller – mit freundlicher Genehmigung.
Seite 247: Klaus Fröhlich. In: Stuttgarter Zeitung 10.11.2003.
Seite 248, 249: Theater am Potsdamer Platz ProduktionsGmbH, Berlin

M

Anmerkungen

S. 21

Baba Jaga russische Hexe, oft auch eine Menschenfresserin, die als böse, aber auch als gute und beschützende Märchengestalt den Helden des russischen Märchens begegnet. Das Reich der Baba Jaga ist der dunkle Wald, wo sie in einem einsamen Häuschen wohnt, das auf Hühnerbeinen steht und sich dreht. Sie fliegt in einem Mörser mit Keule und Besen durch die Lüfte und herrscht über unsichtbare Mächte. Sie ist Herrin über das Feuer, sie gebietet über Tag und Nacht. Gleich einer Göttin bestimmt sie über Leben und Tod und kennt die Zukunft.

S. 38

Perlmutter weiß schimmernde Innenseite einer Muschel.

S. 42

Kalif (arabisch), offizieller Titel von Mohameds Nachfolgern, Herrscher über die islamische Gemeinde.

S. 43

Mekka Stadt in Saudi-Arabien, Geburtsort des Propheten Mohammed, heiligste Stadt und größter Wallfahrtsort des Islam.

S. 47

Medina Stadt in Saudi-Arabien, über dem Grab Mohammeds wurde hier die erste Moschee errichtet, nach Mekka zweitwichtigster Wallfahrtsort des Islam.

S. 57

Blautopf Quelltopf des Flüsschens Blau in Blaubeuren, 41 m Durchmesser, 20 m Tiefe, tiefblaues Wasser. Mörike leitet den Namen »Lau« aus dem Flussnamen »Blau« ab.

S. 59

spannenlang die Spanne: altes Längenmaß, Abstand der Spitzen des Daumens und des Mittelfingers einer gespreizten Hand (bis etwa 25 cm Länge).

S. 60

Salomo König des Israel und Juda umfassenden Reiches, etwa 965–926 v. Chr., galt als Idealbild eines mächtigen und weisen Herrschers.

S. 66

Spreu die beim Ausdreschen der Körnerfrüchte (Getreide) anfallenden Spelzen/Samenhüllen, Viehfutter.

S. 74

Binsen grasähnliche Sumpfpflanze, die sich auf Grund ihrer glatten, biegsamen und festen Stiele gut zum Flechten eignet.

S. 80

Memphis altägyptische Stadt am linken Nilufer oberhalb Kairos, um 3 000 v.Chr. gegründet, bevorzugte Residenz der Pharaonen im Alten Reich.

S. 81

Troll Unhold, gespensterhaftes Ungetüm, auch: Tölpel. Trolle spielen in den norwegischen Märchen eine zentrale Rolle, wohnen in Wäldern und Bergen.

S. 95

klöppeln von Hand wird das Garn, das auf verschiedenen Klöppeln (Holzspulen) aufgewickelt ist, nach einem vorgezeichneten Muster, das auf einem Klöppelkissen mit Stecknadeln befestigt ist, zu Spitzen(deckchen) geflochten.

S. 97

Mörser Gefäß, in dem Körner, Samen, etc. zermahlen werden.

S. 97

Kwass russisches alkoholhaltiges Volksgetränk, aus Mehl oder zerkleinertem Brot, heißem Wasser, Malz, Zucker, Pfefferminzblättern und Rosinen hergestellt.

S. 101

Flachs aus den Stängeln der Flachspflanze gewonnenen Faserbündel. Diese Fasern wurden früher mit dem Spinnrad zu Leinenfaden gesponnen. Die aus Flachssamen wachsende Flachspflanze hat zierliche blaue Blüten.

S. 116

Rohr »Schilf« oder »Schilfrohr«, wächst auf Sumpfwiesen und Mooren (Röhricht).

S. 119

Mitgift Aussteuer; ursprüngliche Bedeutung: »Mitgabe« des elterlichen Erbes an die heiratende Tochter.

M

S. 120

Stiaz flache Schale; in solchen Schalen wurde die Glut für das offene Herdfeuer von einem Haus zum anderen getragen.

S. 137

Tropfstein säulenartige Steine, die in sich in kalkhaltigen Steinhöhlen durch jahrhundertelanges ständiges Herabtropfen des Sickerwassers bilden. Es gibt sog. Tropfsteinhöhlen in denen sich Tropfsteine vom Boden und von der Decke her bilden, bzw. mit der Zeit zusammenwachsen. Die Tropfsteine haben auf Grund ihrer Entstehung eine unregelmäßige Form.

S. 139

Mutter unter der Erde Viele alte Kulturen kannten die Verehrung einer Urmutter als Urgrund allen Lebens, einer Erdmutter (mater terra), einer Erdgöttin, einer weibliche Fruchtbarkeitsgottheit, die durch ihre Schöpferkraft alles Leben auf der Erde entstehen ließ. Sie war die Herrscherin über die Gestirne, das Himmelsgewölbe, die Erde und die Unterwelt, über Leben und Tod, über Licht und Dunkelheit. In den alten Kulturen hatte sie verschiedene Namen: z. B. *Inanna* oder *Ischtar* (sumerisch-babylonisch), *Isis* (altägyptisch), *Demeter* (griechisch) *Ceres* (römisch). Diese uralte Vorstellung, dass eine Erdmutter das Wachsen und Gedeihen, aber auch das Welken und Absterben der Natur bewirke und in ihrem Erdenschoß das Abgestorbene – Pflanzen, Tiere und Menschen – berge, verwandle und zu neuem Leben auf die Erde emporschicke, nimmt Theodor Storm in der Formulierung »Mutter unter der Erde« auf.

S. 175

Hollerstauden Holunderbusch. Im österreichischen Volksglauben gilt der Holunderbusch als zauberkräftiger Baum. Seine Rinde und Wurzeln, die weißen Blüten und schwarzen Beerenfrüchte sollen gegen vielerlei Übel und Krankheiten helfen, sie wurden auch als Liebes- und Fruchtbarkeitszauber verwendet.